▶ 写真とCGイラスト対比で学ぶ

筋力トレーニング
解剖学 アドバンス！

THE TRAINING ANATOMY *advanced!*

監修にあたって

　我が国は世界屈指の長寿国であり、健康で質の高い生活をいかに過ごすかが着目され、“いかに健康に生活するか”という健康寿命の延長に注目が集まっている。この健康寿命を延ばすには、習慣的にレジスタンストレーニングを行い、日常生活の活動性を維持しなければならない。そのためには筋肉量の維持向上が不可欠と言えるだろう。こうした背景からレジスタンストレーニング関連分野の筋肉に関する知識の習得が重要になってきている。

　書籍「トレーニング解剖学」シリーズは、身体の400以上に及ぶ骨格筋のうち、ウエイトトレーニング実施可能な比較的大きな筋肉を取り上げ、それらのトレーニング種目を解剖学的に解説したものである。第1弾は私が東京大学名誉教授の石井直方先生やワールドウィング主幹の小山裕史先生から学んだ基本種目を中心に取り上げた。そして第2弾である本書では、月間100本以上のパーソナルトレーニングレッスンを受け持ち、一方で2019年日本クラス別選手権男子ボディビル60kg級チャンピオンに輝いた豊島悟氏に最新機器を用いた応用種目、そして自重トレーニングなどについて執筆していただいた。

　その各種目で稼動する骨格筋が、ビジュアル的にイメージしやすいCGイラストや写真により描写されており、CGイラストでは主動筋と補助筋とで色分けされている。種目ごとに、どの筋肉をターゲットにしているのか？関節をどのように動かす種目なのか？などをしっかり理解して実施することが、効果的で有用なトレーニングにつながる。特にトレーニーやトレーニング指導者にとって、トレーニング動作においてどの動作が苦手なのか、または弱いのかが判れば、何が原因なのかを探求できるので非常に重宝されると思われる。

　本書は『ウエイトトレーニング種目の動作を解剖学的に科学的に探求する』とい

う趣旨の、言わばトレーニング解剖学のガイドブック第2弾である。これまで、ウエイトトレーニング分野の本はたくさん出版されているが、『機能解剖学』的に解説された本はほとんどない。いわゆる『トレーニング解剖学、つまりソフトウェア』の解説書である。本書を通じて、ウエイトトレーニング各種目において筋肉をいかに動かすかを学んでいただければ幸いである。

　本書は、解剖学を学ぶ機会のない一般のトレーニーにも理解できるように工夫されている。しかもトレーニーや学生アスリートにとっても手ごろな安価であり、持ち運びにも便利なサイズになっている。

　今回、コーディネーターとして労をおとりいただいた株式会社BELLzの吉田真人氏に心から感謝申し上げたい。そして今回シーズン中であるにも関わらず主筆を執っていただいた我が人生の朋友である豊島悟選手と奥様の萩尾由香選手にこの紙面をお借りして重ねて御礼申し上げたい。

　最後に、今回執筆の機会を与えてくださったベースボール・マガジン社の朝岡秀樹氏、そして今回の編集に際しご尽力いただいた株式会社プッシュアップの藤本かずまさ氏に、心から御礼申し上げる。

2020年11月

学校法人 大阪滋慶学園　大阪医療福祉専門学校　山口典孝

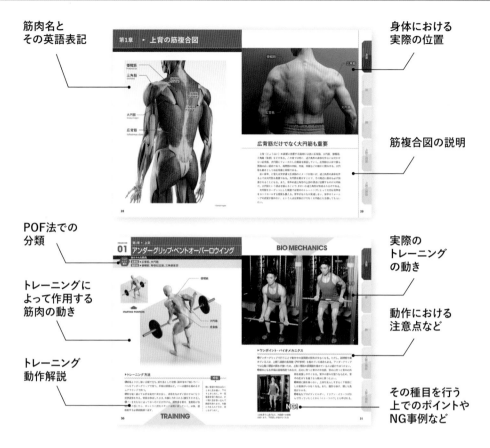

筋肉名と
その英語表記

身体における
実際の位置

筋複合図の説明

POF法での
分類

トレーニングに
よって作用する
筋肉の動き

トレーニング
動作解説

実際の
トレーニング
の動き

動作における
注意点など

その種目を行う
上でのポイントや
NG事例など

目で見て学ぶ主動筋、補助筋の仕組みと働き

本書では、各トレーニングのCGイラストは伸展時と収縮時が描かれており、各種目について①強化される筋肉②トレーニング方法③ワンポイント・バイオメカニクス④各種目のポイントやNG事例などを解説することにより、筋肉の仕組みや働きを確認しながら筋力トレーニングを学べる構成になっています。解剖生理学の中で難解とされる骨格筋を、筋力トレーニングという身近なものとして意識できるところがポイントです。

前作「筋力トレーニング解剖学」（小社刊）同様、骨格筋を学ぶための基本である筋肉名、仕組みや主な働きを織り込むとともに、筋肉の形状や走行線を手に取るように観察することができるように筋肉図はオールCGで制作しています。

また、本書では筋肥大効果が高いと言われるトレーニング方法「POF法」を推奨しています。詳しくは第9章で解説しますが、これは関節の可動域をミッドレンジ、コントラクト（収縮）、ストレッチ（伸展）の3つに分け、それぞれの関節角度で最も大きな負荷がかかる種目を組み合わせる方法です。トレーニングメニューを考える際の参考になるよう、それぞれの種目にその分類を記載しています。

近年になりジムなどで実施している人がよく見られるようになった新しい種目も網羅しています。トレーニング愛好家や指導者、またメンズフィジークやビキニといったフィットネス競技に出場するアスリートの方々が本書を参考にすれば、効率的で有用な筋力トレーニング種目を理解できます。また、筋肉の解剖生理やバイオメカニクスを理解する上で医療関係者にとっても手引書となることを目的としています。

CONTENTS

079 第3章 胸の筋

▶ 大胸筋 pectoralis major

095 第4章 上腕二頭筋

▶ 上腕二頭筋 biceps brachii

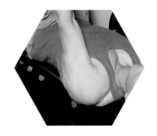

125 第6章 股関節の筋

▶ 大腿四頭筋 quadriceps femoris

（大腿直筋 rectus femoris ／ 中間広筋 vastus intermedius
外側広筋 vastus lateralis ／ 内側広筋 vastus medialis ）

ハムストリングス hamstrings

（大腿二頭筋 biceps femoris ／ 半膜様筋 semimembranosus ／ 半腱様筋 semitendinosus）
大内転筋 adductor magnus

大内転筋 adductor magnus
大殿筋 gluteus maximus
中殿筋 gluteus mediu

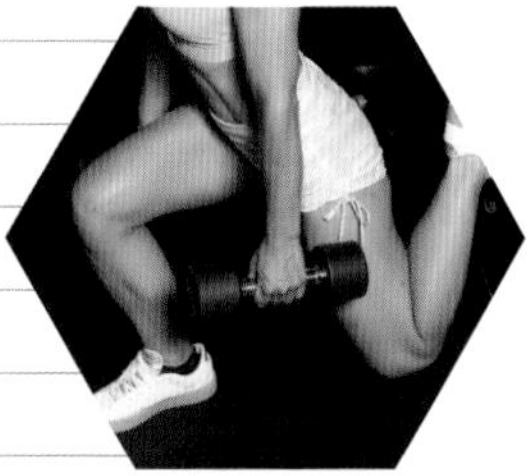

筋学基礎知識

text by Noritaka Yamaguchi

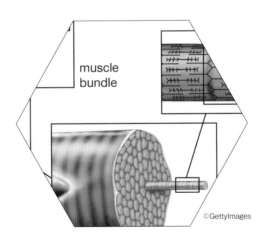

muscle
bundle

©GettyImages

THE TRAINING ANATOMY
BASIC UNDERSTANDING

I. 解剖学的基本姿勢

　解剖学的基本姿勢とは、顔は正面に向け、下肢はわずかに開いて直立し、上肢は下垂させ（下に向かって垂れ下げる）、手指を伸ばして手掌（手のひら）を前方に向けた状態のことを言う。

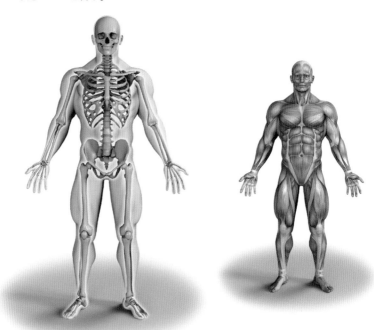

▶ 基本となる3つの面

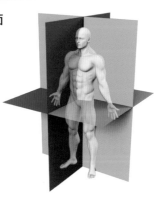

前頭面
（frontal plane）

人体を前と後ろに分ける面。前額面とも言う。水平面と矢状面とは垂直に交わる。水平面、矢状面、前頭面の3つの面が定まって、様々な方向と位置を示す表現がなされる。

しじょうめん
矢状面（正中面）
（sagittal plane）

人体を右と左に分ける面。水平面とは垂直に交わる。人体を左右に二等分する面を正中矢状面という。

水平面
（horizontal plane）

地平面と平行な面で、人体を上下に分ける。

Ⅱ．体表解剖学図

　筋肉の解剖学的な解説の前に
CGモデルで体表をありのままに
再現し、見てすぐにそれぞれの筋
肉のおおよその位置が分かるよう
に、身体の表裏を掲載した。体表
の大きな筋肉を中心に紹介する。

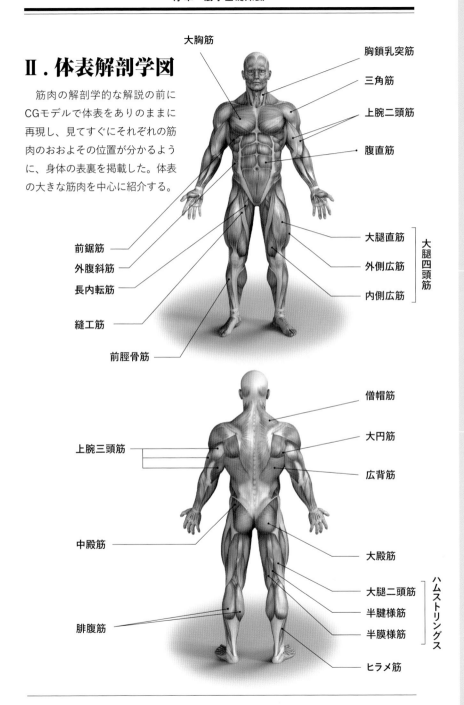

大胸筋

胸鎖乳突筋

三角筋

上腕二頭筋

腹直筋

大腿直筋
外側広筋
内側広筋

大腿四頭筋

前鋸筋
外腹斜筋
長内転筋

縫工筋

前脛骨筋

僧帽筋

大円筋

広背筋

上腕三頭筋

中殿筋

大殿筋

大腿二頭筋
半腱様筋
半膜様筋

ハムストリングス

腓腹筋

ヒラメ筋

BASIC UNDERSTANDING

Ⅲ. 骨格筋の構造と分類

　骨格筋について、その構造や種類から、他にも知っておきたい知識までを以下にまとめた。人間の動作を司る筋肉である骨格筋についての理解を深めて、日頃のトレーニングに役立てることを望む。

　骨格筋は人体の動作を担っている主役であり、日常生活からスポーツ、筋力トレーニングにおいて、人が動くためには最も大切になる器官の1つである。厳密に言うと、筋肉はいくつかの種類に大別することが可能であるが、その中でも一般的に「筋肉」として最もイメージされるものがこの章のテーマである骨格筋にあたる。

　骨格筋は人体を理解して健康的な身体を目指す上でも、また筋力トレーニングに取り組んで身体を鍛えるためにも大切なものである。そんな骨格筋について、その概要を確認し、さらに構造や種類、そして知っておくべき知識などを紹介していく。

■骨格筋とは？

　骨格筋とは、人体の中で唯一の随意筋で、一般的に「筋肉」としてイメージされる種類の筋肉である。その数は人体の中に400から700ほどあるとされ、ほとんどは左右対称についており、およそ体重の40%から半分程度を占めるとされている。そして、この骨格筋は、その名前にある「骨格」からもイメージできるように、基本的には筋腹の両端が腱に移行して骨にくっついているのが特徴である。

　そのため、骨格筋が縮むことで「両端についている骨が引き寄せられ、関節が動く」というのが主な働きになる一方、「関節を動かないように固定しておく」というのも骨格筋の重要な働きとなる。さらに、

・体温維持のための熱源となる。

・血液の循環を助ける。

・外的な衝撃から身体を保護する。

・糖や脂質の代謝を一定に保つ。

・大脳の視床下部を刺激してホルモンの分泌を活性化させる。

　などといった生命活動の維持や調整に大切な役割も担っている。また筋肉には骨格筋以外のものも存在する。「筋肉」と言えば、一般的に骨格筋がイメージされることが多いが、人体には骨格筋には含まれない「心筋」と「内臓筋（平滑筋）」も存在する。

■骨格筋の構造

1)骨格筋の構造をマクロな視点で見た場合

　骨格筋の構造を詳しく見ていくと、骨格筋は多数の筋線維（筋細胞）が集まってで

きているものであることが分かる。しかし、この筋線維もただそのまま集合することで骨格筋を作っているわけではない。

　いくつかの筋線維が集まり、周囲を筋内膜という結合組織で覆われることで筋束（筋線維束）を作り、この筋束がさらに集合した状態で筋周膜に覆われると、初めて「骨格筋」という形で成り立つ。骨格筋の構造をマクロな視点で見ていく場合、

・筋線維が集まって筋内膜に覆われる。→筋束ができる。

・筋束が集まって筋周膜に覆われる。→骨格筋ができる。

というように因数分解していくと、理解しやすい。

▶ 骨格筋の細微構造

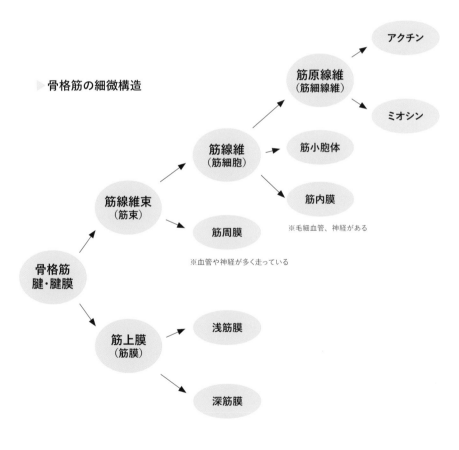

2)骨格筋の構造をミクロな視点で見た場合

　一方、骨格筋の構造をさらにミクロな視点で見ていく場合、筋線維はさらに小さな単位で構成されていることが分かってくる。まず、筋線維はそれが最小の単位または線維というわけではなく、さらに微小な線維である筋原線維が束になったものである。そしてこの筋原線維は、骨格筋の収縮作用において最小の単位となるサルコメア（筋節）が、横に規則正しく並んでつながることで構成されていることが分かる。つまり、ミクロな視点での骨格筋の構造は、

・サルコメアが横に規則正しく並んでつながる →筋原線維ができる。

・筋原線維が束になって集まる →筋線維ができる。

と理解していくことができる。

3）サルコメアの構造

　骨格筋が収縮する際の最小単位であるサルコメアの構造を見ていくと、次のように2つのフィラメントが確認できる。

❶細いフィラメント（アクチンフィラメント）

　タンパク質分子であるアクチンが螺旋状に結合（重合＝1つの分子が2個以上結合して分子量の大きい化合物を生成する反応）して形成されている。ミオシンフィラメントに比べて細いのが特徴。

❷太いフィラメント（ミオシンフィラメント）

　タンパク質分子であるミオシンから成り、タイチン（チチン）というタンパク質によって位置を安定させられている。おたまじゃくしのような頭を2つ持つミオシン分子が集合しているため、ミオシンの頭部が飛び出している（クロスブリッジ）のが特徴。

　そして、この2つのフィラメントは、お互いが重なり合うような構造をしており、そこへカルシウムイオンが放出されると、それをトリガーとしてお互いが滑走するように距離を縮めていくことになる。すると、サルコメア自体の長さが短くなり、この距離の短縮が筋原線維の長さを短縮させ、その結果、筋線維の長さが短くなることで、その筋線維が集まってできた骨格筋が短縮することになる。

▶骨格筋の構造

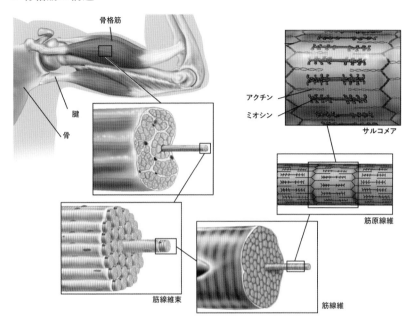

骨格筋

アクチン
ミオシン

サルコメア

腱

骨

筋原線維

筋線維束

筋線維

■骨格筋の種類

　骨格筋の種類や名称は、筋肉の位置、起始や停止の位置、起始の数、形状、大きさ、機能など、様々な要素に基づいて付けられている。そのため、ここでは主だった要素を元にして、骨格筋にはどのような種類があるのかを可能な限り分かりやすく見ていこう。

1）形状による分類

　骨格筋の種類に関しては、何を軸にするかで様々な分類ができるが、まずは最も基本的とも言える形状による骨格筋の種類を見ていくと、次のようにまとめられる。

❶ 紡錘状筋

・中央が膨らみ、末端が細い基本形状。

・筋頭が複数存在するときには多頭筋と呼ぶ。例：二頭筋など。

・筋腹が腱で分かれるときは多腹筋と呼ぶ。例：二腹筋など。

❷平行筋

・筋が長軸方向に対して平行に配列されている。

・筋長が長い。

❸ 羽状筋

・ 筋中央（筋腹）に向かって、筋線維が斜めに集まる鳥の羽のような形状をした筋。単羽状筋、両羽状筋、多羽状筋がある。また羽状筋の特徴として、紡錘状筋と比較して多数の筋線維を持つため強力な運動ができる。しかし、筋の線維は斜走するので、その収縮による筋としての運動の距離は小さい。従って、羽状筋は短縮は小さくても、強力な運動をするのに適する筋である。例として三角筋、大殿筋などがある。

・単羽状筋…斜走する筋が片側のみある筋。例：腹斜筋など。

・両羽状筋…斜走する筋が両側にある筋。

・多羽状筋…多くの筋が横に並び１つの筋を作る。例：腹横筋など。

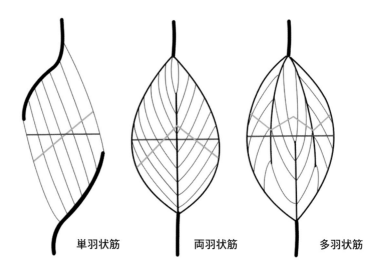

単羽状筋　　　　　　両羽状筋　　　　　　多羽状筋

2）骨格筋の位置

　　骨格筋はその位置によっても、便宜的に種類別に分けられたり、解剖学的名称が付けられたりしている。例えば、名称の中に「腹」とある、お腹前面の腹直筋や側方にある腹斜筋などは、名前からしてすぐにお腹に位置する種類の骨格筋であることが分かる。また、脛の脛骨に位置している筋肉には、前脛骨筋や後脛骨筋があり、こちら

も、脛骨に位置する種類の骨格筋であることが一目瞭然である。

　さらに、起始と停止の位置によって、名前が付けられているものもある。例えば、胸鎖乳突筋であれば、起始が胸骨と鎖骨に、停止が頭骨の乳様突起につながっていることから、その名前が付けられている。

3）大きさによる種類分け

　同じ部位に複数の筋肉がある場合、筋肉の大きさを軸にして種類分けすることもある。例えば、分かりやすい例では殿部に位置する殿筋群がある。殿筋群には、大殿筋、中殿筋、小殿筋が存在するわけであるが、これらの筋肉の名前はそれぞれ大きさに紐付いている。他にも、背中上部の深層に位置する菱形筋群などにも、大菱形筋と小菱形筋があり、それぞれの大きさによって名前が付けられている。

4）機能による種類分け

　骨格筋の種類を分類するときは、その「機能」によって分けることもしばしば行われる。例えば、前腕には非常に多くの細かい筋肉が存在するが、1つひとつの名称を挙げるのではなく、共通した機能により分けることがとても一般的だ。具体的には、
・手首の屈曲（曲げる）機能を持つ筋肉群…手関節屈筋群、手関節掌屈筋群、前腕屈筋群などと呼ばれる。
・手首の伸展（反らす）機能を持つ筋肉群…手関節伸筋群、手関節背屈筋群、前腕伸筋群などと呼ばれる。

　他にも、肘関節屈曲筋群に対して肘関節伸展筋群や、股関節の外転筋群に対して股関節の内転筋群など、機能による骨格筋の種類分けは非常に多くの場面で見られる。

5）筋線維の種類

「骨格筋」としてではなく、骨格筋を形成する「筋線維」で見た場合には、遅筋線維（タイプⅠ）と速筋線維（タイプⅡ）に分類することができ、さらに速筋線維はⅡaとⅡbの2つの種類に分けることができる。
それぞれを、簡単に解説していく。

❶遅筋線維（タイプⅠ）

　筋収縮が遅くゆっくりと作用するもの。有酸素性代謝（酸素を使ってエネルギーを作り出す）が起こるため、疲労に対する耐性が非常に高いのが特徴。スタミナや姿勢を保つのに役に立つ。

❷速筋線維（タイプⅡa）

　遅筋線維よりは速く収縮するが、タイプⅡbの線維よりはやや遅い。有酸素性代謝

と無酸素性代謝（エネルギー生産に酸素を必要としないもの）の両方を利用できる。大きな力を発揮できるが、疲労に対する耐性は低い。

❸速筋線維（タイプⅡb）

いわゆる筋力トレーニングのターゲットとなる。タイプⅡaよりもさらに速く収縮する。無酸素性代謝を利用する。非常に大きな力を発揮できるが、疲労に対する耐性は極めて低い。特に上半身の骨格筋に集中している傾向がある。

▶筋線維の種類と特徴

	遅筋線維 （タイプⅠ）	速筋線維 （タイプⅡa）	速筋線維 （タイプⅡb）
色	赤	ピンク	白
ミオグロビンと チトクロームの含有量	多い	ある程度	極めて少ない
代謝方法	有酸素性	有酸素性& 無酸素性	無酸素性
収縮の速度	遅い	速い	とても速い
疲労度合い	疲れにくい	疲れやすい	とても 疲れやすい
筋トレで太さが変化するか？	しない	する	する
最大の力を発揮するまでに かかる時間	0.1秒	0.05秒	0.025秒

※ちなみに、骨格筋によって遅筋線維と速筋線維が含まれる割合は違うものの、どちらの種類の筋線維も含まれる。

Ⅳ. その他の骨格筋についての知識

　骨格筋について、基本的な概要から構造、そして種類についてまで見てきたが、最後に他にも押さえておきたい骨格筋についての知識を確認しておく。

■基本的に骨格筋は複数で作用する

　通常、人体で起こる動作において、骨格筋が単独で作用するということはほとんどない。多くの場合、骨格筋は複数で連携することによって正確な動作を作り出している。そして、その動作において主に使用される筋肉のことを主動筋（主働筋）と呼び、その動作へ協力（補助）するように働く筋肉は共働筋（補助筋）と呼ばれ、一般的にこの共働筋は、主動筋の近くに存在していることが多くある。

　一方、主動筋とは逆の作用を持つものとして拮抗筋が存在し、この拮抗筋は、主動筋が力を出した際に過度な作用が生まれないよう、ブレーキのように力を出す働きを持っている。

　また他にも、特定の部位の動作を起こしている間も、体幹を支えたり、姿勢を正しておく必要があるため、どの骨格筋が主動筋として関与するかに関わらず、多くの場合はスタビライザー筋（体幹を安定させる筋肉）が動員され、関節を固定したり、バランスを安定させたりしている。

■筋力トレーニングの基礎理論

　筋力トレーニングは筋力・筋量を増加させるのに最も有効な手法であり、適切な筋力トレーニングは体型を改善し、運動能力の向上に役立ち、リハビリテーションの貴重な手段ともなる。そして女性にとっても大変有益であり、女性ホルモンの関係で巨大でかさ高い筋肉には発達せず、しなやかで無駄のない筋肉になる。また、高齢者における筋力トレーニングも近年、大変着目されている。

　筋肉に対するトレーニング負荷は平常の刺激よりも強くなくてはならず、マシンやフリーウエイトは各人が異なる筋力に適切な過負荷を与えるのに最適な手法と言える。フリーウエイトは上級者やスポーツ選手の強化など用途が広く、一方マシンは初心者がそれを使って安全かつ容易に実施することが可能となり、双方を用途別に使い分ける必要がある。

■筋力向上トレーニングの定義

　一般に筋に負荷抵抗をかけて行うトレーニングを総称して、レジスタンストレーニングと呼ぶ。広義に解釈すれば、歩行や階段昇降といった日常生活(ADL)レベルの負

荷運動でも、筋に負荷抵抗をかけるという点で、レジスタンストレーニングの範疇と言えよう。しかし、高齢者においては、特に加齢に伴う筋力・筋量減少の危機に晒されている。すなわち高齢者がADL動作を維持するためには、現在のADLレベル以上の負荷抵抗でトレーニングを行う必要がある。すなわち高齢者が筋力トレーニングを実施するにあたり、より一層積極的な筋力獲得を目指す意識が必要であろう。以下に実施する上でのポイントをまとめる。

1）筋力トレーニングの基本

❶意識の集中

　ウエイトトレーニングでは、常にトレーニングしている筋肉に意識を集中させながら反復することが大切である。その筋肉に意識を集中させているか否かで筋肉の発達は全く違ってくると言われている。なぜなら意識することによって神経が集中され、筋線維に十分に働きかけるようになるからである。

❷可動域

　ウエイトトレーニングでは、目的とする筋肉を動かす範囲、すなわち可動域を最大限稼働させる。なぜならトレーニングの負荷とは、（使用する重量）×（動かした距離）と仮定できるからである。筋肉を意識してフルストレッチ（最大伸展）、フルコントラクション（最大収縮）させることにより、強い刺激を与えることができ、より発達させることが可能となる。

❸呼吸

　ウエイトトレーニングでは呼吸を止めずに動作を続けることが重要である。なぜなら呼吸を止めたまま行うと、急激に血圧が上がる可能性が高いからだ。基本的には力を入れるときにゆっくり息を吐き、力を緩めるときにゆっくり息を吸い込む。

❹重量と回数、インターバル

　初心者はウエイトを選ぶ場合、1回のセットで連続15回動作できる重量(最大筋力の約70%)を選択する。よく10回という回数(最大筋力の約80%)が言われているが、ケガやフォーム習得の面から初心者は15回できるぐらいの余裕を持たせた重量がよいであろう。その負荷で10回×3セットを行う。

　実際ウエイトを挙げられる回数は、疲れてくるため1セット目10回、2セット目9回、3セット目8回などと落ちていく。最大筋力の測定は3カ月に一度実施し、使用重量や実施種目を変更していくとよいであろう。トレーニングの目的により一概には言えないが、セット間の休憩（インターバル）は1分〜1.5分くらいが理想と言える。

❺種目の選択

　大筋群と言われる大きい筋肉（大胸筋、広背筋、大腿四頭筋など）から最初にトレー

BASIC UNDERSTANDING

ニングを始めて、その後に小筋群と呼ばれる小さい筋肉（腕やふくらはぎの筋肉など）
をトレーニングすべきである。小筋群は大筋群に比べて疲れやすく、小筋群を先にト
レーニングすると大筋群まで十分にトレーニングできなくなってしまうためである。
またトレーニングの後半は疲れも出てきてトレーニング効果も落ちてくるため、優先
して強化したい部位があれば、そちらの筋を最初にトレーニングを行うべきである。

❻オールアウト

　ウエイトトレーニングにおいて、連続して続けられなくなるまで頑張り、全ての筋
力を短時間で出し切ることが重要だと言われている。これをいわゆるオールアウトと
呼ぶ。このオールアウトによって筋肉へ強い刺激を与えることができ、同時に筋肉の
負荷に対する適応力も強くなる。筋力を効率よく強化していくためには、各筋群で必
ずオールアウトまで追い込むことが必要となる。もし、なかなかオールアウトできな
い場合は、負荷やトレーニングメニューを見直す必要があるであろう。

❼超回復

　ウエイトトレーニングによって筋肉の筋組織は破壊され、そして疲労した筋は一定
期間の休息と栄養を与えることにより、トレーニング前の筋よりも太く強くなる。こ
れが超回復と呼ばれる現象であり、一般的には2〜3日ほどの休息で超回復期の状態
になる。このように休養はトレーニング効果を発揮する上で、とても重要である。ハー
ドなトレーニングを毎日続けて行うと、オーバートレーニングにより故障の原因にな
り、反対にトレーニング間隔を空けすぎると、元に戻るため観察と調整が必要である。
運動、休養、栄養の3要素が身体を作るポイントである。

❽エキセントリックに着目

　コンセントリックとは筋肉が縮みながら力を出す動作(短縮性筋収縮)であり、反対
にエキセントリックとは、筋肉が伸びながら力を出す動作(伸張性筋収縮)を意味する。
ウエイトトレーニングではバーベルなどを下ろすときのエキセントリックについて
も、より意識して行うことが重要と言われている。すなわちこのエキセントリックの
「戻す」という動作をゆっくり丁寧に行うことが筋肉に効かせるために非常に有用な
のである。なぜならエキセントリックの局面では筋損傷しやすく、筋肥大においても
大変有用であることが分かっているからだ。

2）筋力トレーニングのメニュー作成

　トレーニング種目の数と種類は、総トレーニング時間に影響する。例えばトレーニ
ング時間が制限されている場合には、上半身では胸部、肩部、上腕三頭筋を個別に強
化する種目を実施するのではなく、これらを複合的に同時に強化することができる種
目（ベンチプレスなど）を採用する。また、ある特定の部位を特に発達を優先させた

BASIC UNDERSTANDING

いような場合には、その部位の種目を全体のバランスを考慮しながら適切に選択することが必要となる。

❶複関節種目（多関節種目、コンパウンド種目）

　筋力トレーニングの主要なエクササイズは「複関節種目（多関節種目）」と呼ばれており、一般的には以下の3つの条件を満たすことが必要とされている。

・動作中に複数の関節が関与する多関節種目である。

・より大きな筋群（大筋群：胸部、背部、大腿部、殿部）を動員する種目。

・安全かつ効果的に1RMテストが行える種目。

　ベンチプレスは大筋群である胸部の種目である。動作中、肩関節・肘関節が動員される。また、安全で効果的に1RMの測定を行うことができる。これらの点から、ベンチプレスは複関節種目（多関節種目）である。ショルダープレスも複関節種目（多関節種目）であり、肩は比較的大きな筋肉であり、1RMの測定が可能である。また下半身の種目であるスクワットは大腿部と殿部が働き、複関節種目（多関節種目）である。

　上背部の種目においてラットプルダウン、シーテッドロウイング、ベントオーバーロウイングといった背部の種目は複関節種目（多関節種目）であり、広背筋は大きな筋肉である。しかし、上記の3つの条件のうち2つの条件を満たしているが、1RMに関しては測定する際の動作中に下背部や脚部が身体を固定するために働くため、効果的かつ安全に1RMを測定できないと指摘されている。

❷単関節種目（アイソレーション種目）

　筋力トレーニングの補助的な役割を果たす種目を「単関節種目」と呼んでおり、以下の3つの条件を満たすことが必要とされている。

・エクササイズ中に1つの関節のみを使用する。

・より小さい筋群（小筋群）を動員するエクササイズ。

・安全かつ効果的に1RMの測定ができない。

　単関節種目のトレーニング部位は、上腕部、前腕部、腹部、下腿部などが含まれる。なお、単関節種目については、1RMの測定を実施した場合、関節に過剰な負担が加わったり、フォームが崩れたりする危険性がある。

❸種目の選択

　1つの筋群について1つの種目を選択する。これは基本的な方法であるが、経験を積むと1つの部位について複関節種目だけでなく単関節種目を加えることを奨める。例えば、脚部においては、スクワットを行った後、レッグエクステンションを行う方法がこれに相当する。

❹トレーニング頻度

　トレーニング頻度は不変的なものではなく、経験を積むにつれ、より高頻度でトレー

ニングするように変化させる必要がある。小さな筋群は大きな筋群よりも比較的回復が早いので、高頻度でトレーニングが可能となる。初心者には週2 ～ 3回、中級者は週3 ～ 4回の頻度、上級者にはそれ以上の頻度でのトレーニングが推奨されている。ちなみに週3回以上のトレーニングではプログラムの分割が必要となる。

⑤トレーニング強度（1RMに対する割合（%）による負荷の決定）

　1RMに対するパーセンテージと回数の関係とその効果(表1)は、トレーニング負荷（1RMに対するパーセンテージ）と反復回数の関係について示したものである。トレーニング経験を持つ人がベンチプレスを行う場合、1RMの80%の負荷で10回程反復でき、また10回反復できる負荷は1RMの80%程度に相当するということが推定できる。ただし、この表は疲労していない筋肉がフレッシュな状態で1セット実施したときに適用するものである。

　負荷の選択には、基本的にこの1RMに対する割合（%）を用いるが、トレーニーが高齢者または未経験者であるなどの理由で1RMの測定に適さない場合には、他の方法によってトレーニング負荷を決定する。

▶1RMに対する%と回数の関係とその効果（表1）

反復回数	1RMに対する%	期待できる主なトレーニング効果
1	100%	集中力の高まり・最大筋力
2	97.5%	
3	95%	
4	92.5%	
5	90%	
6	88%	筋肥大・最大筋力
7	86%	
8	84%	
9	82%	
10	80%	
11	78%	
12	76%	
13	74%	
14	72%	
15	70%	
16	68%	筋持久力
17	66%	
18	64%	
19	62%	
20	60%	

筋力トレーニングを始めたきっかけ

～ 興味を持ったところから全ては始まる～

　私が筋力トレーニングを実施するようになって30年以上の時間が経過しました。私にとって筋トレはライフスタイルの一部であり、欠かすことのできない重要な生活習慣です。

　振り返ってみると、筋肉への憧れは幼少のころから心の中にあったように思います。私の父親は職人だったのですが、筋肉質な身体をしていて、特に腕が太かったです。私が小さかったころに力コブを見せてくれ、「すごい！」「かっこいい！」という印象を抱いたことを覚えています。

　また、「キン肉マン」や「北斗の拳」といった、筋肉の鎧をまとった主人公が活躍する漫画が流行った時代でもありました。映画でヒットしていたのは「ロッキー４」です。主演のシルベスター・スタローンのかっこよさに魅了され、VHSを巻き戻しては、そのトレーニングシーンを何度も見返したものでした。

　そうした環境で育ったこともあり、「筋肉のかっこよさ」というものが自然と刷り込まれていったのだと思います。初めてトレーニングらしきものを行ったのは小学校５年生のとき。腕を太くしたいと思い、鉄アレイを買い、アームカールをやったのが最初です。

　そして、16、17歳になると空手やキックボクシングなどをかじるようになります。社会に出てからは、会社の人に連れられて、市民体育館のトレーニング室に通うようになります。当初は鍛え方がよく分からず、太い腕を目指して腕トレばかりをやっていました。

　そのうちトレーニング室の常連さんからベンチプレスやスクワットなどのフォームやセットの組み方などを教わり、そこからは身体の変化や使用重量が伸びていくことが楽しくなり、夢中になって取り組みました。トレーニング室には週６回のペースで通い続け、仕事が休みの土曜日は弁当を持参して午前と午後の2回、トレーニングを行っていました。トレーニングを学ぶためにボディビルの専門誌を読み漁り、生活全てがトレーニング一色になっていきました。当時、私にとってトレーニングは格闘技の補強運動という位置付けでしたが、格闘技で活躍したいというより、強くてかっこいい身体を手に入れたい、という思いが強かったのでしょう。

　そこから私とトレーニングの関係は途切れることがありませんでした。筋肉への憧れから始めたトレーニングですが、身体作りの面以外でも、私はトレーニングから様々な恩恵を受けてきました。「ケンシロウのような身体になりたい」「異性からモテたい」「コンテストに出たい」などなど、キッカケはなんでもいいと思います。興味を持ったところから全ては始まります。本書を通じ、私が体験してきたトレーニングの素晴らしさを多くの人にお伝えできれば幸いです。

（豊島 悟）

第1章

上背

の筋

text by Satoru Toyoshima

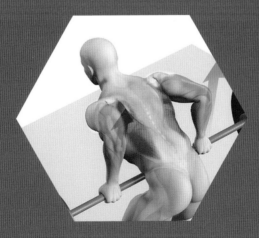

THE TRAINING ANATOMY

CHAPTER 01

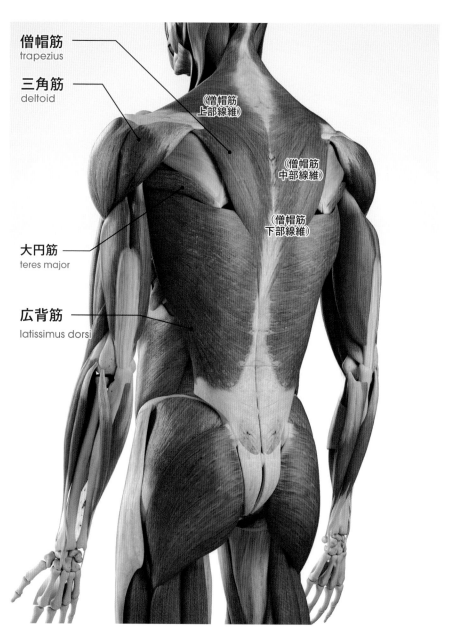

僧帽筋
trapezius

三角筋
deltoid

（僧帽筋
上部線維）

（僧帽筋
中部線維）

（僧帽筋
下部線維）

大円筋
teres major

広背筋
latissimus dorsi

©GettyImages

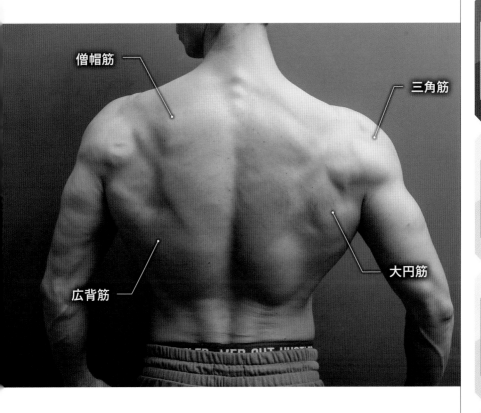

広背筋だけでなく大円筋も重要

　上背（じょうはい）の表層に位置する筋肉には主に広背筋、大円筋、僧帽筋、三角筋（後部）などがある。この章では特に、逆三角形の身体を作るには欠かせない広背筋、大円筋にフォーカスした種目を解説していく。広背筋は人体で最も面積の広い筋肉であり、肩関節の内転、内旋、伸展などの動きに関与する。大円筋も動きとしては広背筋と同様である。

　広い背中、と言えば文字通り広背筋のイメージが強いが、逆三角形の身体を作る上では大円筋も重要である。大円筋を動かすことで、その周辺に筋肉も必ず刺激されることになる。また、背中の逆三角形の上部の頂点に位置するのが大円筋だ。大円筋という頂点を鍛えることで、きれいな逆三角形が形成されるのである。

　大円筋をターゲットにした種目では背中のトレーニングにとって大切な肩甲骨をコントロールする感覚も養える。背中がなかなか発達しない、背中のトレーニングの感覚が掴めない、という人は広背筋だけでなく大円筋にも注視してもらいたい。

アンダーグリップ・ベントオーバーロウイング

強化される筋肉

主動筋 ▶広背筋、大円筋

補助筋 ▶僧帽筋、脊柱起立筋、三角筋後部

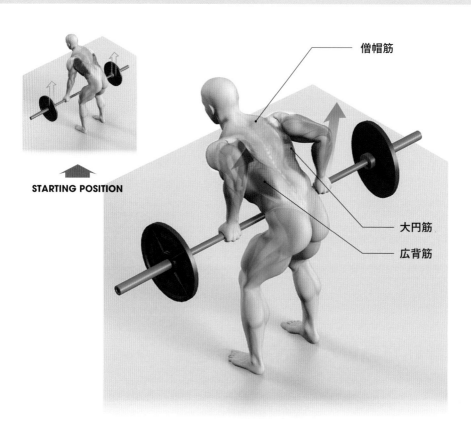

STARTING POSITION

僧帽筋

大円筋

広背筋

▶トレーニング方法

呼吸

❶肩幅より少し狭い足幅で立ち、肩を落とした状態（肩甲骨の下制）でバーベルをアンダーグリップで持つ。手幅は肩幅ほど。バーは親指を絡めるサムアラウンドで持つ。

❷膝を軽く曲げてお尻を後方に突き出し、背筋を丸めずに前かがみになり前傾姿勢を作る。背筋を伸ばしたまま、お腹に力を入れる（腹圧をかける）。

❸バーを太ももに沿っておへそに引き付ける。肩甲骨を寄せ、主動筋が収縮したと感じたら、ゆっくりと肘をスタート姿勢に戻していく。以後、運動動作を必要回数繰り返す。

軽い重量の場合は引くときに息を吸い、下ろすときに吐く。中・高重量を扱う場合は、引く前に息を吸い込んで胸郭を膨らませ、お腹に力を入れて引き、戻しながら吐く。

TRAINING

僧帽筋

大円筋

広背筋

上背

肩

胸

上腕二頭筋

上腕三頭筋

▶ワンポイント・バイオメカニクス

❶アンダーグリップで行うことで動作中の肩関節の関与が少なくなる。ただし、肩関節を痛めている人は、上腕二頭筋の長頭腱を痛めている場合（P97参照）もある。アンダーグリップでは上腕二頭筋の関与が強いため、上腕二頭筋の長頭腱を痛めている人は避けたほうがよい。

❷基本となる手幅は肩幅程度であるが、広めに持つと背中の中央部、狭めに持つと背中の外側を刺激しやすくなる。背中の厚みを狙うなら広め、背中の広がりを狙うなら狭めに持つとよい。

❸無理に胸を張らない。上体を反らしすぎると下背部にしか刺激がいかなくなる。また、腹圧も抜け、腰にも負担がかかる。

❹著名なプロボディビルダー、ドリアン・イエーツが好んで行っていたことから「イエーツロウ」とも呼ばれる。

NG!

上体を反らし過ぎると、対象筋への刺激
は弱くなり、下背部しか効かなくなる

インクライン・ダンベルロウイング

強化される筋肉

コントラクト種目

主動筋 ▶広背筋、大円筋
補助筋 ▶三角筋後部、僧帽筋、脊柱起立筋

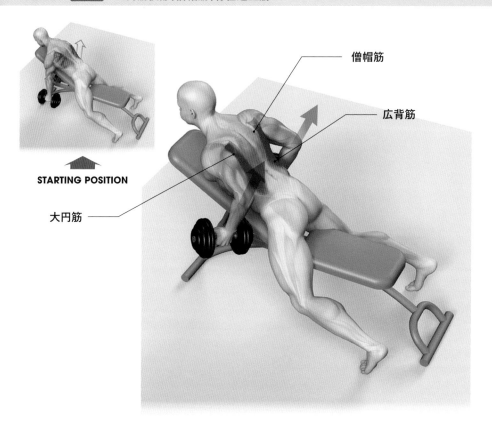

STARTING POSITION

僧帽筋

広背筋

大円筋

▶トレーニング方法

❶調整可能なインクラインベンチ台の角度を60度ほどに設定する。肩を下げた状態（肩甲骨の下制）でベンチに身体を預け、足幅を骨盤ほどの広さで取る。
❷両手にダンベルをニュートラルグリップ、すなわち手のひらが向き合う形でダンベルのバーが身体と同じ方向を向くようにして握る。ダンベルは親指をバーから外すサムレスグリップで握る。サムレスグリップで握ることで動作中の前腕の関与を抑えることができる。
❸肩甲骨を引き寄せるようにして肘を身体の後方に引き、骨盤の方向にダンベルを引き寄せる。肩甲骨を寄せ、主動筋が収縮したこと感じたら、ゆっくりと肘をスタート姿勢に戻していく。以後、運動動作を必要回数繰り返す。

呼吸

引くときに息を吸い、下ろすときに吐く。

TRAINING

BIO MECHANICS

僧帽筋

大円筋

広背筋

▶ワンポイント・バイオメカニクス

❶この種目のメリットは、ベンチ台に身体を預けることで動作中の体幹のぶれが少なくなり、主動筋がより伸展・収縮しやすくなる点にある。自分で体幹を支える必要がないため、ターゲットとする筋肉をより意識しやすい。

❷ダンベルを引き上げる際には顎を少し上げるようにする。そうすることでより強い収縮感が得られる。レップを重ねるにつれて顎が下がり気味になることもあるので注意したい。

❸腰への負担が少なく、ベントオーバーロウイングなどの種目を行って腰が痛くなるような人には適した種目と言える。

❹足幅を広く取りすぎると、動作中にダンベルが脚に当たってしまうので注意。

NG!

背中を反らし過ぎると腰が圧迫され、また頸椎にも負担がかかる

03 Tバー・ロウイング

強化される筋肉

主動筋 ▶広背筋、大円筋

補助筋 ▶僧帽筋、脊柱起立筋、三角筋後部

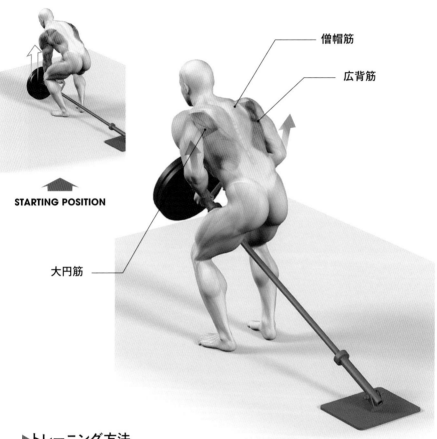

僧帽筋

広背筋

STARTING POSITION

大円筋

▶トレーニング方法

呼吸

❶専用のマシンの上に立つ。立位で肩の力を抜き、肩を下げた状態（肩甲骨の下制）から膝を軽く曲げてお尻を後方に引く。足裏全体で踏みしめるが、重心はややカカト寄り。上体の角度は60度ほど。

❷ハンドルを肩幅より少し広い手幅で持ち、背筋を伸ばしてお腹に力を入れた（腹圧をかけた）状態で構える。

❸マシンの軌道に合わせてハンドルを引き上げていく。肩甲骨を寄せ、主動筋が収縮したこと感じたら、ゆっくりとスタート姿勢に戻していく。以後、運動動作を必要回数繰り返す。

軽い重量の場合は引くときに息を吸い、下ろすときに吐く。中・高重量を扱う場合は、引く前に息を吸い込んで胸郭を膨らませ、お腹に力を入れて引き、戻しながら吐く。

TRAINING

BIO MECHANICS

僧帽筋

大円筋

広背筋

▶ワンポイント・バイオメカニクス

❶負荷が垂直方向ではないため、腰への負担が少ない。

❷軌道が固定させているため、負荷のベクトルがぶれずに主動筋を動かせる。中背部を強く収縮させることができる。

❸ハンドルを持っていきなり構えると腹圧が抜け、猫背になりやすい。姿勢を作ってからバーを持って構えること。

❹アンダーグリップ・ベントオーバーロウイング同様、広めに持つと背中の中央部、狭めに持つと背中の外側を刺激しやすくなる。

NG!

上体を立て過ぎると、対象筋への刺激は
弱くなり、下背部しか効かなくなる

ビハインドネック・ラットプルダウン

強化される筋肉

コントラクト種目

主動筋 ▶ **大円筋**

補助筋 ▶ 広背筋、三角筋後部、僧帽筋

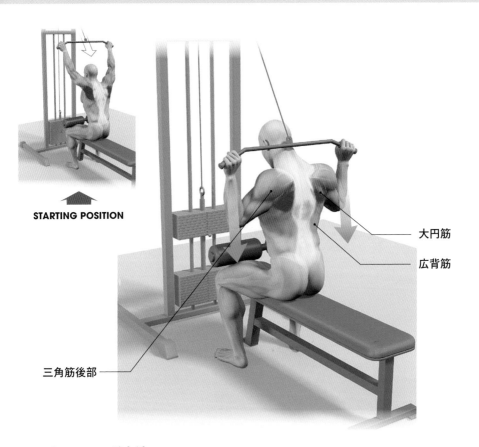

STARTING POSITION

大円筋

広背筋

三角筋後部

▶トレーニング方法

呼吸
▼

❶専用のマシンに座り、肩幅よりこぶし一つ分ほど広い手幅でバーを持つ。このとき肘は軽く曲げた状態で、背中の筋肉をストレッチさせる。

❷上体をまっすぐに保ったままバーを後頭部に引き下げる。

❸引く位置は耳のあたりまで。主動筋が収縮していることを感じたら、ゆっくりと肘を上げて（肩甲骨の上方回旋）、スタート姿勢に戻す。以後、運動動作を必要回数繰り返す。

バーを引くときに吸い、戻しながら吐く。

TRAINING

BIO MECHANICS

三角筋後部

大円筋

広背筋

▶ワンポイント・バイオメカニクス

❶頭部の後ろに引くことによって肩甲骨周辺の筋肉を収縮しやすくなる。ラットプルダウンで背中の筋肉の感覚が掴みづらい人はこの種目から行ってみよう。

❷深く引きすぎると肩鎖関節を痛めてしまう可能性もあるので注意したい。

❸初動でのストレッチのかけ方が重要。下ろしたときはしっかりと収縮を意識する。

深く引きすぎると肩を痛める原因になる。
引く位置は耳のあたりまででよい

ワンハンドケーブルプル

ミッド
レンジ
種目

主動筋 ▶広背筋、大円筋
補助筋 ▶三角筋後部

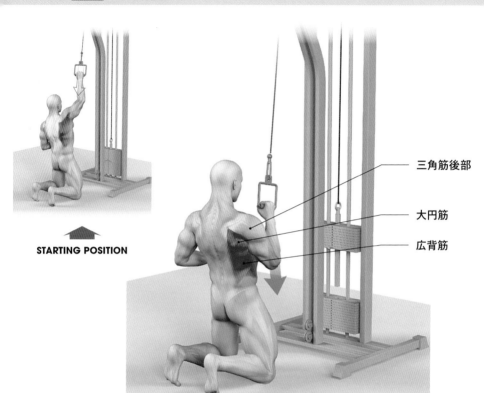

STARTING POSITION

三角筋後部

大円筋

広背筋

▶トレーニング方法

❶ケーブルの下で正座、もしくは長座になる。可能なら骨盤は前傾させる。
❷腕を垂直に上げ、肘は軽く曲げた状態で、背中の筋肉をストレッチさせるイメージでハンドルを持つ。
❸肘から引き、しっかりと胸を張って肩甲骨を下げていく（肩甲骨の下方回旋）。
❹主動筋が収縮していることを感じたら、ゆっくりと肘を上げて（肩甲骨の上方回旋）、スタート姿勢に戻す。以後、運動動作を必要回数繰り返す。動作中、上体はまっすぐの状態を保つ。体軸を保ったまま動作を行うこと。

呼吸

バーを引くときに吸い、戻しながら吐く。

TRAINING

BIO MECHANICS

三角筋後部

大円筋

広背筋

▶ワンポイント・バイオメカニクス

❶完全に座り込んだ状態で行うことで動作への下半身の関与がなくなり、また体幹部が安定してブレが少なくなり、大円筋、広背筋をより刺激しやすくなる。

❷スタートポジションでは肩を完全には上げ切らないようにする。

❸ワンハンドで行うことでより深く肘を引き付けることができ、ツーハンズでは得られない伸展・収縮感が得られる。

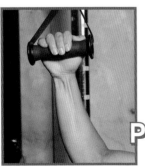

❹スタートポジションでは胸式呼吸で深く吸い込む。そうすることで主動筋により強いストレッチ感が得られる。

❺肩甲骨周りの筋肉の柔軟性に乏しい人、ラットプルダウンで背中の筋肉の伸展・収縮感が得られにくいという人は、まずはこの種目から始めてみるとよい。

POINT

ハンドルは親指を巻き込まないサムレス、もしくはサムアップグリップで保持する

ケーブルコブラ

強化される筋肉

主動筋 ▶大円筋、広背筋
補助筋 ▶三角筋後部、僧帽筋

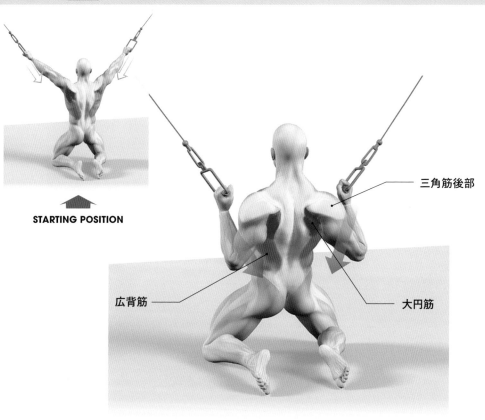

STARTING POSITION

三角筋後部

広背筋

大円筋

▶トレーニング方法

❶ケーブルマシンの前に膝立ちになる。手のひらを下にした状態（前腕の回内）でケーブルを両手で持つ。このとき肘は軽く曲げ、背中の筋肉をストレッチさせる。

❷肘から引き、しっかりと胸を張って肩甲骨を下げていく（肩甲骨の下方回旋）。引いたときには前腕が地面に対して垂直になるように。

❸主動筋が収縮していることを感じたら、ゆっくりと肘を上げて（肩甲骨の上方回旋）、スタート姿に戻す。以後、運動動作を必要回数繰り返す。動作中、上体はまっすぐの状態を保つ。体軸を保ったまま動作を行うこと。

呼吸

バーを引くときに吸い、戻しながら吐く。

TRAINING

BIO MECHANICS

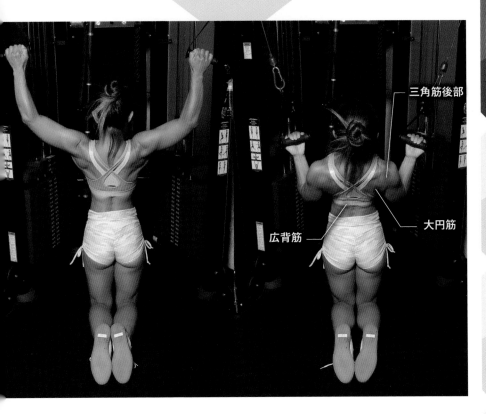

三角筋後部

大円筋

広背筋

▶ワンポイント・バイオメカニクス

❶大円筋の伸展・収縮を最大限に意識すること。

❷ラットプルダウンが上下の動きなのに対し、この種目は「斜め上」→「斜め下」への動作となる。よって肩甲骨の上方回旋・下方回旋の動きを意識しやすい。

❸重すぎる重量は扱わない。大円筋の伸展・収縮をしっかりと感じられる重量で行うこと。

LEVEL UP

正座をすると動作への下半身の関与がなくなり、主動筋への刺激がより強くなる

スタンディング・プーリーロウイング

強化される筋肉

コントラクト種目

主動筋 ▶広背筋、大円筋

補助筋 ▶僧帽筋、三角筋後部

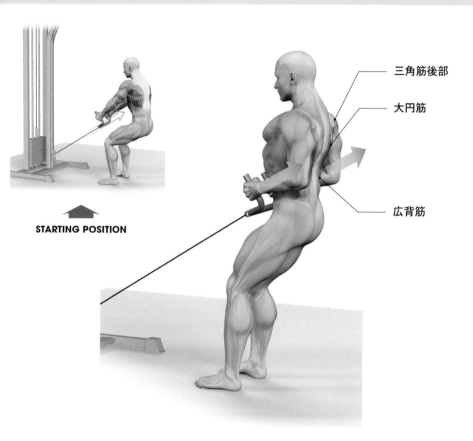

STARTING POSITION

三角筋後部

大円筋

広背筋

▶トレーニング方法

❶プーリーをマシンの一番低い位置にセットする。ハンドルを両手で持ち、立位から軽く膝を曲げ、お尻を後方に突き出すようにして前傾姿勢を作る。上体の角度は60度ほど。

❷肩を前に出し肩甲骨を広げる（肩甲骨の外転）。肘は伸ばし切らない。

❸おへそに向かってハンドルを引き、しっかりと胸を張る。胸を張ることで必然的に肩甲骨が寄る（肩甲骨の内転）。肩甲骨を寄せ、主動筋が収縮したことを感じたら、ゆっくりと肘をスタート姿勢に戻していく。以後、運動動作を必要回数繰り返す。

呼吸

引くときに息を吸い、戻しながら吐く。

TRAINING

BIO MECHANICS

僧帽筋

大円筋

広背筋

▶ワンポイント・バイオメカニクス

NG!

上体を立て過ぎると、対象筋への刺激は弱くなる。体勢を維持できる重量で行うこと

❶ケーブルの利点は初動から終動までの負荷が一定であることが挙げられる。動作中、主動筋にかかる負荷にムラがない。

❷立位で行うことで、筋肉の走行方向と負荷のベクトルが一致し、主導筋に強い伸展・収縮感が得られる。

❸無理な重量は扱わない。重すぎると動作のコントロールができなくなる。主導筋の伸展・収縮が感じられる重量で行うこと。

❹下半身の支える力が弱い人は膝をついて行うとよい。

ケーブルプルオーバー

強化される筋肉

ストレッチ
種目

| 主動筋 | ▶大円筋、広背筋 |
| 補助筋 | ▶僧帽筋、三角筋後部 |

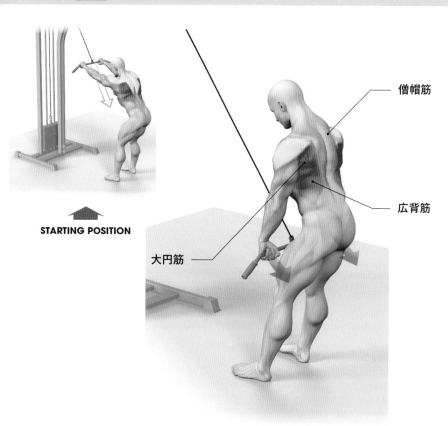

STARTING POSITION

僧帽筋

広背筋

大円筋

▶トレーニング方法

❶ケーブルの前に肩幅より少し狭い足幅で立ち、両手でバーをオーバーグリップで握る。手幅は肩幅程度。

❷膝を軽く曲げてお尻を後方に突き出し、背筋を丸めずに前かがみになり前傾姿勢を作る。上体の角度は60度ほど。肩は下げ（肩甲骨の下制）、肩甲骨は寄せない。肘は伸ばすが、肘関節はロックしない。

❸肩関節を支点にして、腕の軌道が半円を描くように肘を身体に引きつける。主動筋の収縮を感じたら、ゆっくりとスタート姿勢に戻していく。以後、運動動作を必要回数繰り返す。動作中、肩は下げた状態を維持する。

呼吸
▼

引くときに息を吸い、
戻しながら吐く。

TRAINING

BIO MECHANICS

僧帽筋
大円筋
広背筋

▶ワンポイント・バイオメカニクス

❶スタートポジションでは胸式呼吸で深く吸い込む。そうすることで主導筋により強いストレッチ感が得られる。

❷手幅を狭くし、肩甲骨を寄せた状態で行うと大円筋が固定された状態となり、広背筋（特に下部）が伸展・収縮しやすくなる。広背筋をメインターゲットにする場合はこちらのフォームで行うこと。

POINT

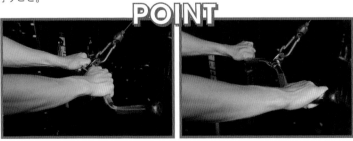

リボルディングバーの内側を持つと広背筋など背中の外側の筋肉、外側を持つと僧帽筋中部など背中の内側が刺激される

トップサイドデッドリフト

強化される筋肉

| 主動筋 | ▶大円筋、脊柱起立筋 |
| 補助筋 | ▶僧帽筋、三角筋後部 |

STARTING POSITION

僧帽筋

大円筋

脊柱起立筋

▶トレーニング方法

❶バーベルラックを膝上あたりの位置にセットし、肩幅より少し狭めの足幅で立つ。肩幅ほどの手幅でバーベルを持ち、ラックから外す。グリップは親指をバーに絡めるサムアラウンドグリップ。

❷背筋をまっすぐに保った状態で胸を張り、お尻を後方に引きながら膝下の位置までバーベルを下ろす。バーベルは太ももに沿って下ろしていく。

❸膝下の位置までバーを下ろしたら、肩甲骨を寄せながら身体に沿うようにバーベルを引き上げる。以後、運動動作を必要回数繰り返す。

呼吸

軽い重量の場合は引くときに息を吸い、下ろすときに吐く。中・高重量を扱う場合は、引く前に息を吸い込んで胸郭を膨らませ、お腹に力を入れて引き、戻しながら吐く。

TRAINING

BIO MECHANICS

僧帽筋

大円筋

広背筋

▶ワンポイント・バイオメカニクス

❶デッドリフトは背中の種目と位置付けられることが多いが、ハムストリングスや殿部の関与が多い下半身優位の種目と言える。可動域を制限したトップサイドで行うことで、下半身を関与させずに背中に重点的に負荷をかけることが可能となる。

❷腰への負担が少なくケガを負うリスクが低い。また床から引くデッドリフトと比べて高重量を扱える。

❸動作としては広背筋の関与は少ない。しかし、脇の下に力を入れるイメージで大円筋を緊張させた状態で引くと背中全体に負荷をかけることができる。

POINT

アンダーグリップで行うと、より主動筋の収縮感が
得られる。ただし、上腕二頭筋の関与が大きくなる

筋力トレーニングとマイオカイン

～近年、注目される筋力トレーニングの可能性～

　筋力トレーニングは身体の見た目を変えるだけではなく、ロコモティブシンドローム（骨や関節、筋肉などの衰えが原因で「立つ」「歩く」などの機能低下）予防、肩凝り・腰痛の予防及び改善、アンチエイジング効果、基礎体力の向上、移動能力の向上、免疫力の向上などをもたらします。

　近年、発見されたホルモンに「マイオカイン」というものがあります。マイオカインとは筋力トレーニングを実施することにより筋肉から分泌されるホルモンで、「若返りホルモン」とも呼ばれています。その効果には、「うつ、不安の制御」「認知症の予防」「動脈硬化の改善」「骨密度の増大」「血圧の安定」「免疫機能のアップ」「糖尿病の予防・改善」「脂肪細胞での脂肪分解」「ガンの増殖の制御」「アンチエイジング効果」「筋力や骨力の向上」「抗炎症性の向上」など、現在分かっているだけでこれだけあります。

　筋肉が他の臓器のように、このホルモンを分泌しているのです。マイオカインが発見される以前、筋トレは成長ホルモンの分泌を促すと言われていました。成長ホルモンだけではなく、マイオカインが新たなホルモンとして発見されたのです。

　マイオカインを効率よく分泌させる方法としては大筋群、特に下半身、殿筋群、ハムストリングス、大腿四頭筋、下腿三頭筋群などのトレーニングを行うとよいと言われています。筆者もトレーニングを30年以上継続してきましたが、40代半ばになり、いまだに体力や肉体的な衰えは感じたことがありません。また、同年代の男性と比べ、実年齢よりも若く見られます。それは定期に行ってきた筋力トレーニングのおかげだと思われます。

　以前、筋力トレーニングというものは、ただ身体を鍛える、ムキムキになるなど、マイナスのイメージを持たれることも少なくはありませんでした。

　ただ、これから超高齢化社会に向かう中で、医療費の大幅な削減などは大きなテーマとなってきます。健康な心身を維持するために、正しい筋力トレーニングは終生、行うべきでしょう。このマイオカインという素晴らしい物質は、外部から取り入れるわけはなく、自分自身で作ることができるのです。これら素晴らしい効果をもたらすマイオカインを筋力トレーニングで効果的に分泌させ、美ボディとともに健康な心と身体を手に入れましょう。

（豊島 悟）

第2章

の筋

text by Satoru Toyoshima

THE TRAINING ANATOMY

CHAPTER 02

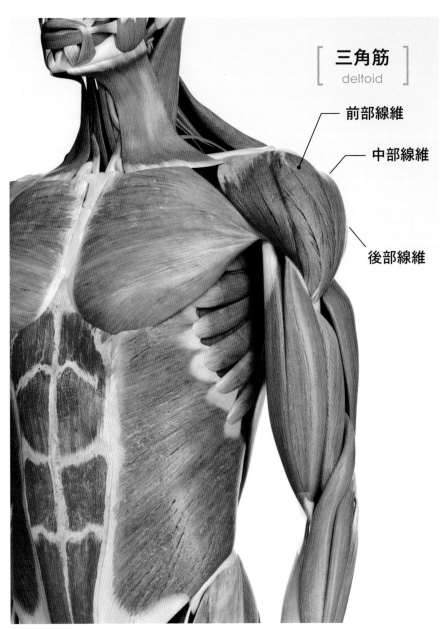

[**三角筋**]
deltoid

前部線維

中部線維

後部線維

©GettyImages

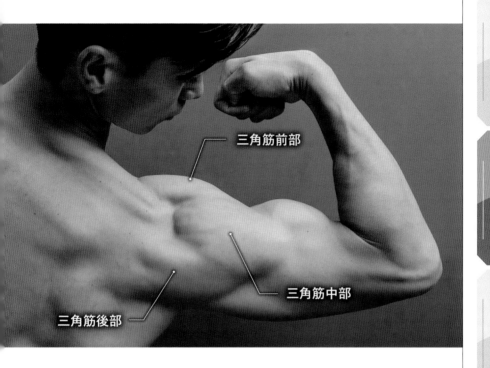

三角筋前部

三角筋中部

三角筋後部

それぞれの動きを考えて種目をセレクトすること

　肩に位置する三角筋は「前部」「中部」「後部」の３つに分けられる。前部は肩関節の屈曲・水平屈曲・内旋、中部は肩関節の外転、後部は肩関節の伸展・水平伸展・外旋の動きに関与する。トレーニングでは、それぞれの動きを考えて種目をセレクトしていく必要がある。

　三角筋前部は、トレーニングで筋肥大させることで正面から見た際の身体の立体感を獲得できる。中部の発達は肩の丸みや肩幅を広くすることに貢献する。また、正面からは見えないが、後部が発達している人と発達していない人とでは、背中の立体感や幅の印象が全く変わってくる。さらに、身体を横から見た際の肩の立体感を演出するのも三角筋後部であるため、しっかりと鍛えておきたい部位である。

　また、肩の筋肉は「パワー」のバロメーターにもなる。肩の力が強い人、肩が頑丈な人は、総じてプレス系種目などで高重量を扱える傾向にある。中には、肩のトレーニングをあまりやらなくても三角筋が発達している人もいる。それはプレス系では三角筋前部が動員されるからである。背中の種目では三角筋後部にも刺激が入る。

　肩は、上半身の「ハブ」のようなものである。体幹から腕へとつながる重要な部位だ。ここの機能が損なわれると、トレーニングで得た刺激も体幹部へ伝わりにくくなる。様々な種目で使われる繊細な筋肉なので、ケアや休息も怠らないようにしたい。

アーノルドプレス

強化される筋肉

ミッド
レンジ
種目

主動筋 ▶三角筋（特に前部）
補助筋 ▶上腕三頭筋、大胸筋上部

STARTING POSITION

三角筋前部

上腕三頭筋

大胸筋上部

▶トレーニング方法

❶フラットベンチに背筋を伸ばして座り、足裏は床にしっかりとつける。
足幅は肩幅よりも狭くする。両手でダンベルを持ち、手の甲を正面に向け、
胸の前で構える。
❷手首を外側に回旋しながら肘を横に広げ、ダンベルを真上に挙げていく。
❸手のひらが正面に向くようにして、ダンベルを挙げ切る。主動筋の収縮
を感じたら、三角筋の前部に重さを感じながら、手首を内側に回旋してゆっ
くりとダンベルを下ろす。下ろす位置はダンベルが鼻先にくる位置。以後、
運動動作を必要回数繰り返す。

呼吸

ダンベルを挙げるとき
に吐き、戻すときに吸
う。高重量を扱う場合
は挙げる前に吸い込
み、息を止めながら挙
げる。

TRAINING

三角筋前部

上腕三頭筋

大胸筋上部

▶ワンポイント・バイオメカニクス

❶通常のダンベルショルダープレスよりも腹圧を使う種目である。腹圧をかけながら挙げて、かけながら下ろす。

❷フィニッシュでは肘を伸ばし切ったほうが高重量が扱える。高重量を扱いたい場合は伸ばし切ったほうがよい。ただし、高重量を扱うと、肩関節に負担がかかるので注意が必要。使用重量は下がるが、肘を伸ばし切らない（ノンロック）方法で行うとスタートからフィニッシュまで三角筋から負荷が抜けない。

❸諸説あるが、アーノルド・シュワルツェネッガーが好んで行っていたことからこの名がついたと言われる。

POINT

回旋しながら挙げることで通常ダンベルショルダープレスよりも三角筋（前部、中部）の伸展と収縮が強くなる。ストレッチ、収縮の両方で三角筋に強い負荷を与えられる

ダンベル・リバースグリップフロントプレス

強化される筋肉

ストレッチ
種目

主動筋 ▶三角筋（特に前部、中部）
補助筋 ▶上腕三頭筋、大胸筋上部

STARTING POSITION

上腕三頭筋

大胸筋上部

三角筋前部

▶トレーニング方法

呼吸

❶スタートはアーノルドプレスと同様。フラットベンチに背筋を伸ばして座り、足裏は床にしっかりとつける。足幅は肩幅よりも狭くする。両手でダンベルを持ち、手の甲を正面に向け、胸の前で構える。

❷その状態からダンベルを真上に差し上げる。

❸ダンベルをしっかり挙げ切って主動筋の収縮を感じたら、三角筋の前部に重さを感じながらゆっくりとスタート姿勢に戻す。下ろす位置はダンベルが鼻先にくる位置。以後、運動動作を必要回数繰り返す。

ダンベルを挙げるときに吐き、戻すときに吸う。

TRAINING

BIO MECHANICS

上腕三頭筋

大胸筋上部

三角筋前部

▶ワンポイント・バイオメカニクス

❶肩のインナーマッスルに負担がかかりづらい種目である。棘上筋などを痛めていてショルダープレスやサイドレイズが困難な人でも、この種目ならできる場合がある。

❷高重量は扱えない種目である。また、バランスを保つために腹圧を使う種目である。立位で行うとより運動量が増える。

❸アーノルドプレスよりも三角筋前部をダイレクトに刺激できる。三角筋前部に負荷を乗せるためにグリップはサムレスが望ましい。

POINT

背筋をまっすぐに伸ばした状態を維持して実施すること。動作中、バランスを崩さないように

ワンハンドショルダープレス

強化される筋肉

主動筋 ▶三角筋（特に前部）
補助筋 ▶上腕三頭筋、大胸筋上部

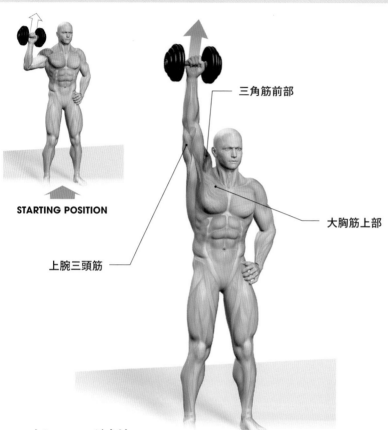

STARTING POSITION

三角筋前部

大胸筋上部

上腕三頭筋

▶トレーニング方法

呼吸

❶腰幅ほどの足幅で立ち、背筋を伸ばしてダンベルを持ち、耳の高さで構える。このとき、肘は下を向く（肩関節の外旋）。身体をまっすぐに保つために壁などに手をついて行うことが望ましい。

❷身体をまっすぐに保ったまま、ダンベルを真上に差し上げる。肘関節がロックするまで挙げ切ってよい。

❸ダンベルをしっかり挙げ切って主動筋の収縮を感じたら、三角筋の前部に重さを感じながらゆっくりとスタート姿勢に戻す。以後、運動動作を必要回数繰り返す。

ダンベルを挙げるときに吐き、戻すときに吸う。高重量を扱う場合は挙げる前に吸い込み、息を止めながら挙げる。

TRAINING

三角筋前部

上腕三頭筋

大胸筋上部

▶ワンポイント・バイオメカニクス

❶立位で高重量を扱える種目である。ただし、高重量を扱えるが故に、肩を痛めやすい。慣れるまではコントロールできる重量で行うこと。

❷体軸をぶらさないようにして行うのがポイント。また、ワンハンドで行うことで三角筋にフォーカスしやすい。

身体は横に倒さない。身体の軸をまっすぐに保ったまま動作を行うこと

インクラインサイドレイズ

強化される筋肉

ストレッチ種目

主動筋 ▶三角筋（特に中部）
補助筋 ▶大胸筋上部、上腕三頭筋

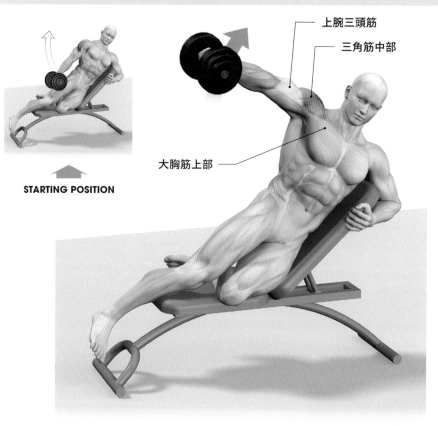

上腕三頭筋

三角筋中部

大胸筋上部

STARTING POSITION

▶トレーニング方法

❶アジャストベンチの角度を30~45度にセットする。身体を真横にしてシートに寄りかかり、身体の前でダンベルを持つ。肘を少し曲げ、猫背にならないように胸を張る。
❷ダンベルを親指から挙げていく。腕を上げる位置は肩のラインまで。
❸主動筋の収縮を感じたら、重力とダンベルの重さで伸展させていくイメージでゆっくりと下ろし、スタート姿勢に戻す。以後、運動動作を必要回数繰り返す。

 呼吸

ダンベルを挙げる前、または挙げ始める前に息を吸い、フィニッシュポジションで止め、吐きながら下ろす。

TRAINING

BIO MECHANICS

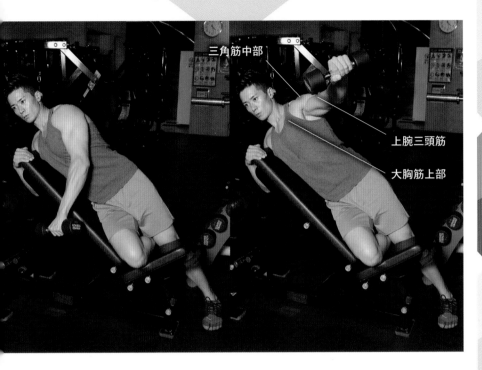

三角筋中部

上腕三頭筋

大胸筋上部

▶ワンポイント・バイオメカニクス

❶三角筋中部に強い伸展をかけられる種目である。そのため、通常のサイドレイズよりも三角筋のみにより強い負荷をかけることができる。

❷上体はやや前に倒す。そうすることで三角筋を伸展させやすくなる。三角筋がストレッチされることを感じるポジションからスタートする。

❸重すぎるダンベルを無理に振り上げると主動筋以外の筋も動員され、結果的に三角筋への刺激は弱くなる。コントロールできる重量を扱うこと。また、ダンベルが重すぎると強く握ることになる。そうすると前腕の力を使いがちになり、三角筋に負荷が乗りづらくなる。

VARIATION

腕を身体の前方に下ろし、小指から真上に挙げていくと三角筋後部を刺激できる。上級者は両種目をコンパウンドセットで行うのもよい

サイドレイズ・ウィズ・ベンチ

コントラクト
種目
強化される筋肉
主動筋 ▶三角筋（特に中部）
補助筋 ▶僧帽筋

僧帽筋

三角筋中部

三角筋前部

STARTING POSITION

▶トレーニング方法

❶アジャストベンチの角度を60度ほどにセットする。シートに身体を預け、足幅は肩幅より広く保つ。ダンベルのシャフトが身体に対して前後の方向に向くように両手でダンベルを持って構える。肘は軽く曲げておく。
❷肘を軽く曲げたまま、肩関節で弧を描くようにダンベルを挙上する。腕を上げる位置は肩のラインまで。
❸主動筋の収縮を感じたら、ゆっくりとダンベルを下ろしてスタート姿勢に戻す。以後、運動動作を必要回数繰り返す。

呼吸

挙げるときに吸い、下ろすときに吐く。

TRAINING

BIO MECHANICS

僧帽筋

三角筋後部

三角筋中部

▶ワンポイント・バイオメカニクス

❶高重量を扱える種目ではない。通常のサイドレイズよりも重量は下がる。挙げたときに収縮を感じられる重量で行うようにする。

❷挙げるときに吸い、下ろすときに吐く。ベンチ台にうつ伏せになるため、挙げるときに吐くと胸部がつぶれてしまい、収縮感が弱くなる。そのため、一般的な種目とは逆の呼吸となる。

❸60度のベンチに身体を預けることで、体幹部を固定したまま三角筋の伸展ができる。

VARIATION

ダンベルを前方に挙げるとフロントレイズとなり、三頭筋前部を刺激できる。上級者は両種目をコンパウンドセットで行うのもよい

上背

肩

胸

上腕三頭筋

上腕三頭筋

61

ダンベル・アップライトロウイング

強化される筋肉

コントラクト
種目

| 主動筋 | ▶三角筋（特に中部） |
| 補助筋 | ▶僧帽筋 |

三角筋中部

STARTING POSITION

▶トレーニング方法

❶腰幅ほどの足幅で立ち、背筋を伸ばしてダンベルを持つ。ダンベルは手のひらを身体のほうに向け、サムレスグリップで保持する。肘は伸ばし切らない。

❷上半身を反らしたり、肩甲骨を寄せたりせずにダンベルを引き上げる。腕ではなく肘でリードするイメージで挙げていく。

❸主動筋の収縮を感じたら、ゆっくりとダンベルを下ろしてスタート姿勢に戻す。以後、運動動作を必要回数繰り返す。

呼吸

ダンベルを挙げる前、または挙げ始める前に息を吸い、フィニッシュポジションで止めて、吐きながら下ろす。

TRAINING

BIO MECHANICS

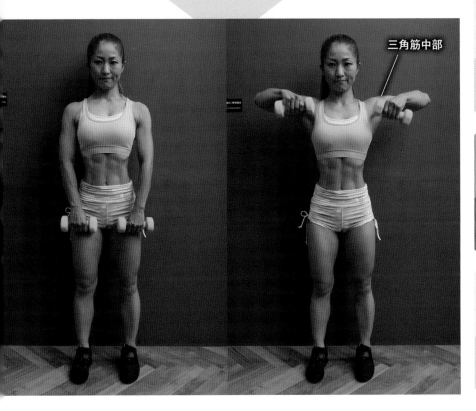

三角筋中部

▶ワンポイント・バイオメカニクス

❶一般的なアップライトロウイングではバーベルを用いるが、バーベルでは軌道が固定される。そのため、肩鎖関節を痛めやすい。ダンベルは自由度があるため、肩鎖関節に負担をかけずに挙げられる。

❷バーベルよりも可動域が広く取れる。

POINT

背筋をまっすぐにした状態を保つこと。猫背になったり前かがみになったりしないように

63

ケーブルクロスレイズ

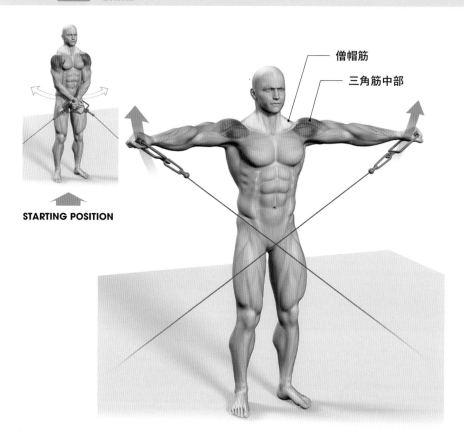

僧帽筋

三角筋中部

STARTING POSITION

▶トレーニング方法

❶肩幅ほどの足幅で立ち、身体の前でケーブルをクロスさせてハンドルを持つ。肘は軽く曲げておく。グリップはサムレスが望ましい。上体はハンドルがぶつからないように、やや前に倒す。

❷肘を軽く曲げたまま、肩関節で弧を描くようにハンドルを挙上する。腕を上げる位置は肩のラインまで。

❸主動筋の収縮を感じたら、ゆっくりとハンドルを下ろしてスタート姿勢に戻す。以後、運動動作を必要回数繰り返す。

呼吸

ケーブルを引く前、または引き始める前に息を吸い、フィニッシュポジションで止め、吐きながら下ろす。

TRAINING

僧帽筋

三角筋中部

▶ワンポイント・バイオメカニクス

❶高重量を扱えないアイソレーション（単関節）種目である。反動は使わず、コントロールできる重量で行うこと。

❷ケーブルで行う利点はスタートからフィニッシュまで負荷が一定であるところにある。そのため、主動筋の収縮とストレッチを感じやすい。

❸スタートでどちらの手を前に置くかは自分のやりやすいほうでよい。

LEVEL UP

慣れてきたら、ハンドルではなくケーブル先端のボール部分を指に引っ掛けた状態で実施してみよう。握力を使わないため、より三頭筋の動きや肘でリードする感覚などが意識できるはずだ

上背

肩

胸

上腕二頭筋

上腕三頭筋

アラウンド・ザ・ワールド

強化される筋肉

コントラクト種目

主動筋 ▶三角筋（特に中部、前部）
補助筋 ▶僧帽筋、上腕二頭筋、大胸筋前部

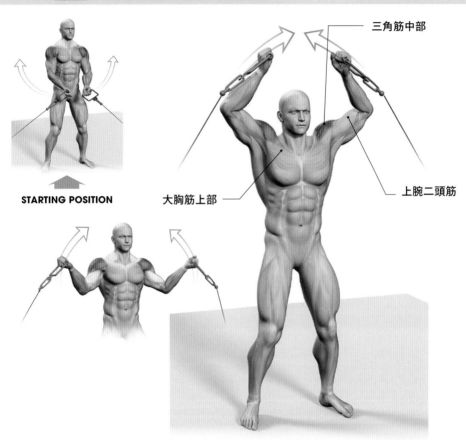

三角筋中部

上腕二頭筋

大胸筋上部

STARTING POSITION

▶トレーニング方法

❶肩幅ほどの足幅で立ち、身体の前でケーブルのハンドルを持つ。ケーブルサイドレイズ同様、肘は軽く曲げておくが、ケーブルはクロスさせない。グリップはサムアラウンドでよい。上体はまっすぐに保ち、手の甲はやや返す（手首の屈曲）。
❷肘を軽く曲げたまま、肩関節で弧を描くようにハンドルを挙上する。
❸肘を上げながらさらにハンドルを挙上し、頭の上で親指同士を近づける。主動筋の収縮を感じたら、ゆっくりとハンドルを下ろしてスタート姿勢に戻す。以後、運動動作を必要回数繰り返す。

呼吸

ケーブルを引く前、または引き始める前に息を吸い、フィニッシュポジションで止め、吐きながら下ろす。

TRAINING

BIO MECHANICS

三角筋中部

上腕二頭筋

大胸筋上部

▶ワンポイント・バイオメカニクス

❶高重量を扱えないアイソレーション（単関節）種目であるが、三角筋の前部と中部を同時に刺激できる効率のよい種目と言える。反動は使わず、コントロールできる重量で行うこと。

❷ケーブルで行う利点はスタートからフィニッシュまで負荷が一定であるところにある。重力の関係でダンベルでは刺激が弱い初動でも負荷をかけられる。

❸肩を下げたまま（肩甲骨の下制）肩関節を支点にして動作を行う。フィニッシュでは主動筋が収縮していることを意識する。

POINT

途中までのフォームはケーブルサイドレイズと同様。肘でリードしながらケーブルを引いていく

67

ショルダースイング

強化される筋肉

コントラクト種目

主動筋 ▶三角筋
補助筋 ▶僧帽筋、大胸筋上部、上腕二頭筋

STARTING POSITION

僧帽筋

三角筋前部

三角筋中部

▶トレーニング方法

呼吸 ▼

❶腰肩幅ほどの足幅で立ち、ダンベルのシャフトが身体に対して前後の方向に向くようにして持つ。肘を軽く曲げ、三角筋よりも拳ひとつ分上の高さまでダンベルを挙げ、「サイドレイズ」のフィニッシュの姿勢を取る。

❷手の甲を上にした状態から、手のひらを上に向けながら腕を閉じ、顔の前にダンベルをスライドさせる。ダンベルは鼻先の高さにくるようにし、動作中はその高さを維持する。

❸顔の前までスライドさせたら、同じ軌道でスタート姿勢に戻す。動作はゆっくりとしたテンポで行う。目安としては1秒で顔の前までスライドさせ、1秒で戻す。以後、運動動作を必要回数繰り返す。

息を吐きながら腕を閉じ、吸いながら開く。

TRAINING

僧帽筋

三角筋中部

三角筋前部

▶ワンポイント・バイオメカニクス

❶棘上筋の関与が少ない種目である。よって、ショルダープレスやサイドレイズが困難な人でも、この種目ならできる場合がある。

❷動作中、肘は伸ばし切らない。また、胸をしっかりと張る。

❸三角筋の前部、中部、後部を刺激できる種目である。腕を開いたときには三角筋後部の収縮を、閉じたときには三角筋前部に負荷が感じられる重さのダンベルを選ぶこと。

❹重量は扱えない。通常のサイドレイズよりも重量は下がる。

POINT

動作中、ダンベルは鼻先の高さを維持する

ダンベル・リアデルタロウイング

強化される筋肉

ミッド
レンジ
種目

主動筋 ▶三角筋（特に後部）
補助筋 ▶僧帽筋、大円筋、広背筋

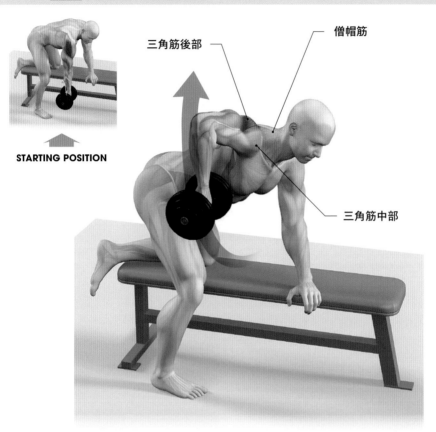

STARTING POSITION

僧帽筋

三角筋後部

三角筋中部

▶トレーニング方法

❶フラットベンチの横でベントオーバーの姿勢を取る。ベンチに膝と手を乗せ、上体の角度は極力、床と並行になるようにする。

❷片手でダンベルを持ち、手の甲を前に向けて肩を落として構える。肘は伸ばし切らない。

❸脇を開き、肩関節を支点に弧を描くように肘を上げていく。肩甲骨ではなく、肘でリードするイメージで行う。主動筋の収縮を感じたら、ゆっくりとダンベルを下ろしてスタート姿勢に戻す。以後、運動動作を必要回数繰り返す。

呼吸

ダンベルを挙げる前、または挙げ始める前に息を吸い、フィニッシュポジションで止めてから吐きながら下ろす。

TRAINING

僧帽筋
三角筋後部
三角筋中部

▶ワンポイント・バイオメカニクス

❶脇を締めて行うと背中の種目であるワンハンドロウイングのフォームになってしまい、広背筋などが関与する。

❷三角筋後部は小さな筋肉である。よって、基本的には高重量は扱えない。無理に重たい重量を扱うと広背筋や大円筋なども関与し、結果的に三角筋後部への刺激は弱くなる。

❸肩甲骨は寄せない。ただし、三角筋後部の種目全般に言えることだが、肘を後方に引く動作では肩甲骨は寄る（肩甲骨の内転）ので、「肩甲骨を寄せない」ことにのみに固執するとダンベルを引けなくなってしまう。

NG!

脇は閉じない。脇を閉じて肩甲骨を寄せて行うと背中の種目になってしまう

フェイスプル

コントラクト種目

| 主動筋 | ▶三角筋（特に後部） |
| 補助筋 | ▶僧帽筋 |

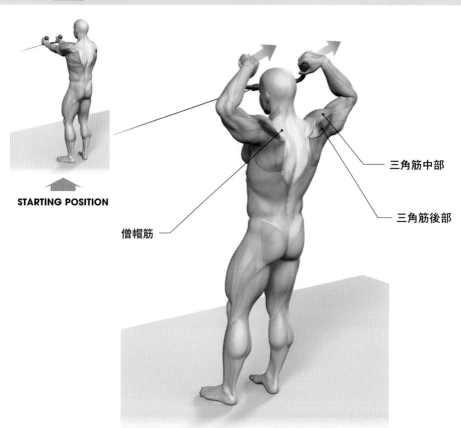

STARTING POSITION

三角筋中部

三角筋後部

僧帽筋

▶トレーニング方法

 呼吸

❶ケーブルマシンの前に腰幅ほどの足幅で立ち、背筋を伸ばして両手でロープを持つ。プーリーの高さは自分の身長よりもやや高い位置に設定する。

❷脇を広げ、ロープを持つ手の親指を自分の方向に向ける。しっかりと胸を張り、肩関節を支点にして肘でリードしながらロープを口元に引き寄せる。背中は丸めない。

❸主動筋の収縮を感じたら、ゆっくりと肘を伸ばしスタート姿勢に戻す。以後、運動動作を必要回数繰り返す。

ケーブルを引く前、または引き始める前に息を吸い、フィニッシュポジションで止めてから吐きながら戻す。

TRAINING

三角筋中部

僧帽筋

三角筋後部

▶ワンポイント・バイオメカニクス

❶反動を使うような重量は扱わない。フィニッシュで主動筋の収縮がしっかりと感じられる重量で行うこと。また、重量が重すぎると背中が丸まってしまう。背筋を伸ばした状態で行う。

❷ロープは強く握りすぎない。強く握ると前腕の力を使いがちになる。
❸動作中は肘を外に向けた状態（肩関節の内旋）を保つ。
❹ポイントが掴みづらい種目である。感覚が掴めない人は膝立ちで行ってみる。

POINT

ロープは先端のボール部分を指に引っかけるようにして保持すると、握力をあまり使わずに動作を行える

リアデルトフライ

強化される筋肉

主動筋 ▶**三角筋（特に後部）**
補助筋 ▶**僧帽筋**

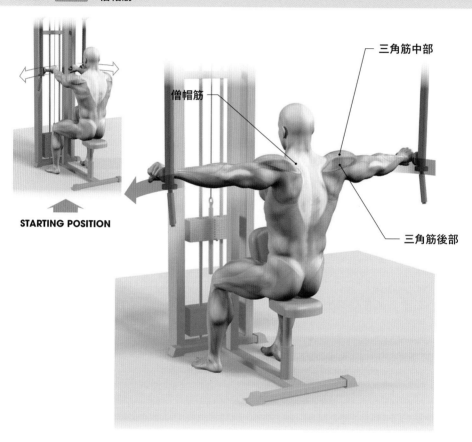

STARTING POSITION

三角筋中部

僧帽筋

三角筋後部

▶トレーニング方法

呼吸

❶マシンの背もたれのシートに向かって座る。上体は少し前に倒し（角度としては90 ～ 70度）、肩を落として胸を張る。手の甲を上にした状態でハンドルを持ち、肘は軽く曲げておく。腕の高さは「前にならえ」よりも少し低くする。

❷肘を外に向けた状態（肩関節を軽く内旋させた状態）で、手首、肘を固定し、肩関節を支点に腕を後方に引く。

❸主動筋の収縮を感じたら、ゆっくりとハンドルを戻す。以後、運動動作を必要回数繰り返す。

腕を広げながら息を吸い、フィニッシュポジションで止め、吐きながら戻す。

TRAINING

BIO MECHANICS

▶ワンポイント・
バイオメカニクス

❶三角筋後部の種目は感覚を掴むのが難しいが、この種目は軌道が固定されているため対象筋にフォーカスしやすい。

❷基本的に腕の高さは「前にならえ」より少し低くするが、個人差がある。三角筋後部の収縮が感じられない場合は高さを調整して、自分に適した位置を掴むように。

僧帽筋　　三角筋中部

三角筋後部

POINT

ハンドルは手の甲を上に向け、小指側をバーに当てて保持する。三角筋後部の収縮を感じやすい

強化される筋肉

コントラクト種目

主動筋 ▶**三角筋（主に後部）**
補助筋 ▶**僧帽筋、大円筋**

STARTING POSITION

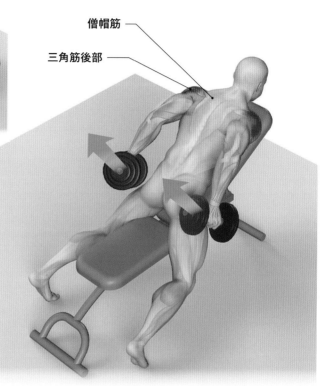

僧帽筋

三角筋後部

▶トレーニング方法

❶アジャストベンチの角度を30度ほどにセットする。シートに身体を預け、足幅は肩幅より広く保つ。ダンベルのシャフトが身体に対して前後の方向に向くように両手でダンベルを持って構える。肘は軽く曲げておく。グリップはサムアラウンド。ダンベルのシャフトは親指側を詰めて持ち、小指側を余らせる。

❷手首、肘を固定し、胸を張ったまま腕を後方にゆっくりと引いていく。

❸主動筋の収縮を感じたら、ゆっくりとダンベルを下ろしてスタート姿勢に戻す。以後、運動動作を必要回数繰り返す。

呼吸

ダンベルを挙げながら息を吸い、吐きながら下ろす。

TRAINING

BIO MECHANICS

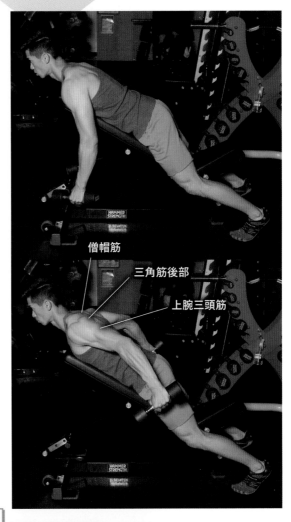

僧帽筋

三角筋後部

上腕三頭筋

▶ワンポイント・
バイオメカニクス

❶身体が安定した状態で行えるため三角筋後部にフォーカスしやすい。ただし、扱う重量が重すぎると肘を張ったフォームになり、広背筋や大円筋などが関与してしまう。

❷ベンチ台に身体を預けるため、胸部が圧迫されて背中を丸めがちになる。収縮ポイントのときは、できれば目線と顎を上げ、上体を反らせるように。

VARIATION

腕を横に広げるとリアレイズという種目になる。リアレイズ→リアスイングというコンパウンドセットで行えば、より強く三角筋後部を刺激できる

トレーニングの今と昔

～ 押さえておきたい原理・原則 ～

　筋力トレーニングも今ではいろいろな種目が出てきて、SNSやYouTubeなどで簡単に情報を得ることができ、効率よく身体を鍛えることが可能な環境となりました。

　筆者がトレーニングを始めたころは、携帯電話もインターネットも普及しておらず、手軽に情報を入手できる時代ではありませんでした。トレーニングについては書籍や専門誌などで自ら学び、基本種目をひたすら行っていたものでした。

　今の時代は筆者もSNSなどで勉強させていただくことが多々あります。しかし、トレーニングでは基本的なフリーウエイトのアイソレーション種目、コンパウンド種目を行っています。現在は効率よく鍛えられるマシンもありますが、基本となるトレーニングの土台があるからこそ、それらをうまく使いこなせ、身体を変化させてこられたのだと思います。

　トレーニングの「3大原理」というものがあります。

1：過負荷の原則…毎回同じ運動強度では効果を得られない。

2：可逆性の原理…トレーニングで得られた効果は、トレーニングをやめてしまうと失われる。

3：特異性の原理…トレーニングの内容に比例して効果は得られる。

　さらには「5大原則」もあります。

1：全面性の原則…全身をバランスよく鍛える。

2：意識性の原則…鍛える筋肉を意識する。

3：漸進性の原則…徐々に負荷、難易度を上げていく。

4：個別性の原則…自分に合ったトレーニングを行う。

5：反復性の原則…継続することで効果が出る。

　これらは今も昔も変わらない原理・原則です。これらを忘れてしまってはいませんか？　ただ「かっこいいから」と見よう見まねのトレーニングをしてみるとか、キツいからやらないとか。それで身体が変わるのでしょうか。

　目的にフォーカスしたトレーニングをすることで、身体は進化していきます。知りたい情報を簡単に得られる時代だからこそ、改めて基本に立ち返り、よりよいトレーニングライフを楽しんでいただければと思います。

（豊島 悟）

第3章

胸

の筋

text by Satoru Toyoshima

THE TRAINING ANATOMY

CHAPTER 03

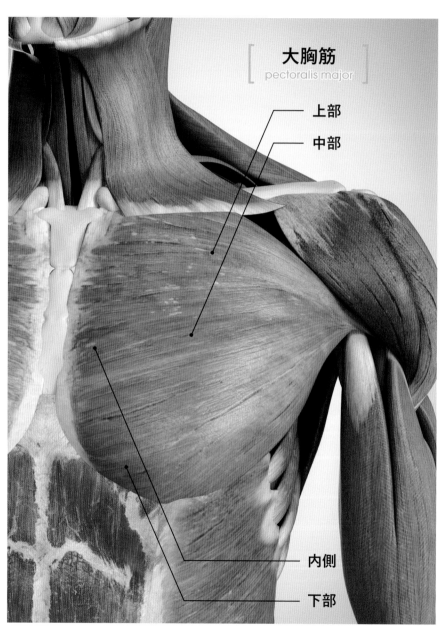

大胸筋
pectoralis major

上部

中部

内側

下部

©GettyImages

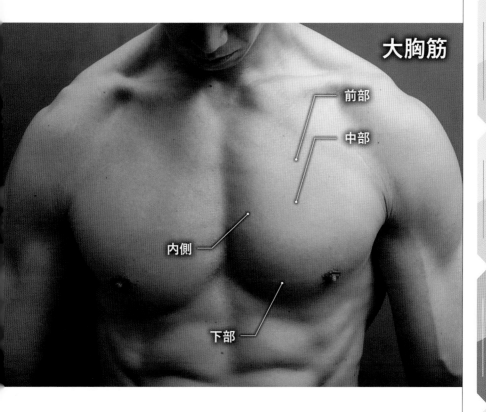

大胸筋

前部

中部

内側

下部

トレーニングで鍛えないことには発達しない筋肉

　表層に位置する胸の筋肉と言えば、大胸筋である。動きとしては肩関節の内転、内旋、屈曲、水平屈曲を司っており、いわゆる「胸板」を形成している大きな筋肉だ。起始の違いにより「上部」「中部」「下部」に分けることができ、基礎知識として、

・腕を斜め上に押す動作＝大胸筋上部

・腕を体幹前面で閉じる動作＝大胸筋中部および内側

・腕を斜め下に押す動作＝大胸筋下部

の種目であることを把握しておこう。

　脚や背中などと比較すると、胸の筋肉は生活動作ではあまり使用されない。あくまで日常的な動きの中では、鍛えることの恩恵は少ない筋肉と言える。

　だからこそ、生活動作では使用されない故に、トレーニングで鍛えないことには発達しない筋肉だと言える。男性は、大胸筋全体的を鍛えることで、男らしさの象徴でもある厚い胸板を作ることができる。女性は上部を鍛えることで、バストアップ効果が期待できる。

スミスマシン・インクラインベンチプレス

強化される筋肉

主動筋 ▶**大胸筋（特に上部）**
補助筋 ▶**上腕三頭筋、三頭筋前部**

大胸筋上部

STARTING POSITION

上腕三頭筋

大胸筋中部・下部

▶トレーニング方法

呼吸

❶アジャストベンチの角度を30～40度ほどにセットする。バーの軌道が固定されているので座る位置が重要となる。下ろしたときにバーが鎖骨の上にくるようにベンチの位置を調整する。ベンチに仰向けになり、肘を曲げたときに上腕と前腕が直角になる手幅でバーを持つ。グリップは親指を巻き付けるサムアラウンド。足裏をしっかりと床につけて胸を張る。
❷スミスマシンのバーのロックを外し、肘を伸ばした状態で構える。そこから肘を曲げ、鎖骨の上までバーを下げていく。
❸胸を張り、肩甲骨を寄せたままバーを押し上げる。以後、運動動作を必要回数繰り返す。

胸が開くとき（バーを下ろすとき）に息を吸い、閉じるとき（挙げるとき）に吐く。高重量を扱う場合は動作開始前に息を吸い、息を止めたままバーを下ろし、スティッキングポイントを超えたところで吐き出す。

TRAINING

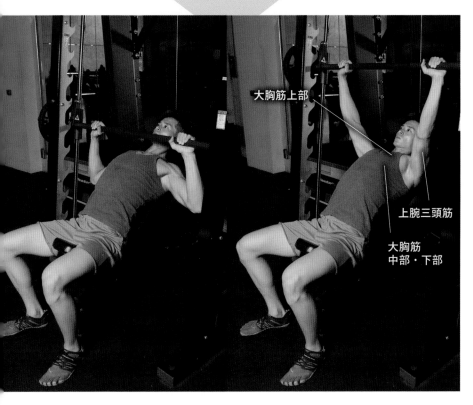

大胸筋上部

上腕三頭筋

大胸筋
中部・下部

▶ワンポイント・バイオメカニクス

❶スミスマシンの利点は軌道が固定されているところにある。そのため、「斜め上の方向に挙げる」という種目においても動作がぶれず、大胸筋上部にフォーカスしやすい。

❷肩甲骨を寄せて行うこと。肩甲骨で重量を受けるイメージで。

❸胸は張るが、脇は閉じない。胸と上腕の角度は60度ほど。ただし、脇を広げすぎると肩鎖関節や上腕二頭筋長頭腱、棘上筋に負担がかかりやすくなる。

POINT

ベンチは下ろしたときにバーが鎖骨の上にくる位置に調整する。スミスマシンは軌道が固定されているため、こうしたセッティングが重要になる

インクライン・ダンベルフライ

強化される筋肉

ストレッチ
種目

| 主動筋 | ▶大胸筋（特に上部） |
| 補助筋 | ▶三頭筋前部、上腕二頭筋 |

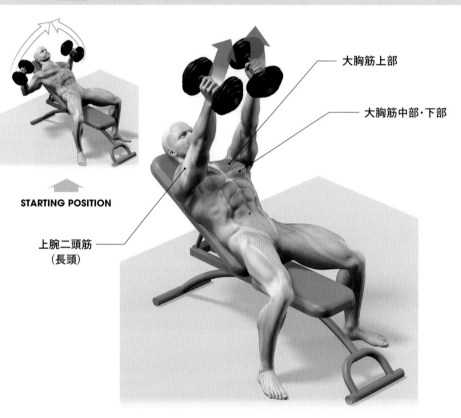

STARTING POSITION

大胸筋上部

大胸筋中部・下部

上腕二頭筋
（長頭）

▶トレーニング方法

❶アジャストベンチの角度を30~40度ほどにセットする。ベンチに仰向けになり、手のひらが向き合うようにダンベルを持つ。肩甲骨を寄せて胸を張り、肩を落として拳を天井に向けて構える。
❷ダンベルを中央に向かって差し上げ、拳を天井に向けたまま胸を収縮させる。肩甲骨は寄せて、肩は前に出さない。
❸主動筋の収縮を感じたら、ゆっくりと肘を落としてスタート姿勢に戻す。このときも拳は天井を向けたままとなる。肘、前腕のラインが三角形を描くようにして肘を落とし、スタート姿勢に戻す。以後、運動動作を必要回数繰り返す。

呼吸

胸が開くとき（ダンベルを下ろすとき）に息を吸い、閉じるとき（挙げるとき）に吐く。高重量を扱う場合は動作開始前に息を吸い、息を止めたままバーを下ろし、スティッキングポイントを超えたところで吐き出す。

TRAINING

BIO MECHANICS

大胸筋
中部・下部

▶ワンポイント・バイオメカニクス

❶スタートでは肘は広げすぎない。前腕が地面に対して垂直になるようにする。

❷肘を広げて大胸筋の最大伸展を狙うと肩や肘、手関節に負担がかかりやすい。

❸脇の角度は60度ほど。脇を広げすぎると肩や肘に負担がかかる。

肘を開き過ぎると大胸筋は伸展するが、肩や肘、手関節に負担がかかりやすくケガの要因となる

リバースグリップベンチプレス

強化される筋肉

ミッドレンジ種目

主動筋 ▶**大胸筋（特に上部）**
補助筋 ▶**上腕二頭筋、三頭筋前部**

大胸筋上部・中部

上腕二頭筋

大胸筋下部

STARTING POSITION

▶トレーニング方法

❶バーベルの真下に目線がくるようにフラットベンチの上で仰向けになる。後頭部、肩部、殿部はベンチ台に固定し、腰をやや反らせて足裏をしっかりと床につける。手のひらを上にしたグリップ（前腕の回外）で、肩幅より1.5倍ほど広い手幅でバーを持つ。

❷肩甲骨を寄せて胸を張った状態でラックからバーを外し、バーをバストトップもしくはみぞおちに向けて下ろす。バーが身体に触れるまで下ろしてよい。

❸胸を張り、肩甲骨を寄せたままバーベルをスタート姿勢まで差し上げる。以後、運動動作を必要回数繰り返す。

呼吸

胸が開くとき（バーを下ろすとき）に息を吸い、閉じるとき（挙げるとき）に吐く。高重量を扱う場合は動作開始前に息を吸い、息を止めたままバーを下ろし、スティッキングポイントを超えたところで吐き出す。

TRAINING

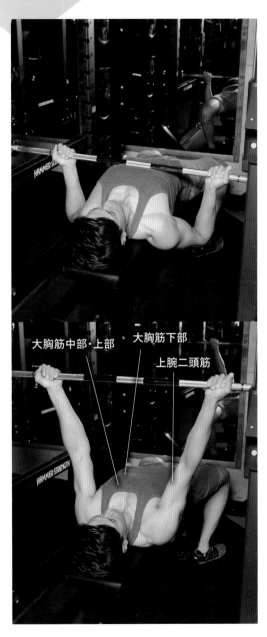

▶ワンポイント・バイオメカニクス

❶バーは手根部に乗せる。手のひらで握るとバランスを取りづらくなり、また手首に負担がかかる。また、グリップはサムアラウンドよりもサムレスのほうが手首に負担がかからない。

❷肩関節（棘上筋）の関与は少ないが、三角筋前部と二頭筋の関与が大きい。上腕二頭筋が過伸展しやすいため、インクラインダンベルカールで肩に痛みがある人、上腕二頭筋長頭腱を痛めている人などは注意が必要。

❸動作としてはスパインカールの動きに近い。

大胸筋中部・上部　　大胸筋下部

上腕二頭筋

POINT

バーを乗せる位置は手根部。手のひらではなく手首の真上の位置に乗せる

上背
肩
胸
上腕二頭筋
上腕三頭筋

TRAINING 04 ケーブルクロスオーバー（大胸筋上部）

強化される筋肉

コントラクト種目

| 主動筋 | ▶大胸筋（特に上部） |
| 補助筋 | ▶上腕二頭筋、三角筋前部 |

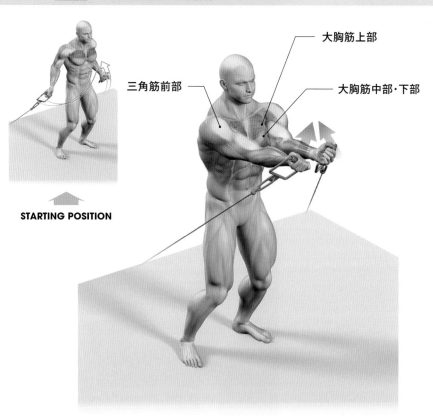

大胸筋上部

三角筋前部

大胸筋中部・下部

STARTING POSITION

▶トレーニング方法

❶デュアルケーブルマシンのプーリーを一番下の位置に設定する。腰幅ほどの足幅で立ち、両手にハンドルを持つ。手のひらは上に向け（前腕の回外）、ハンドルは強く握らず、手に引っ掛けるようにして持つ。肩甲骨を寄せて胸を張り、肩を落とす。肘は伸ばし切らない。上体は、お尻を後方に引いて10度ほど前に倒す。

❷手首と肘を固定して、上にハンドルを上にすくい上げる。両手の小指と小指を近づけるように。

❸主動筋の収縮を感じたら、ゆっくりとハンドルを下ろしスタート姿勢に戻す。以後、運動動作を必要回数繰り返す。

呼吸

胸が開くとき（ハンドルを下げるとき）に息を吸い、閉じるとき（ハンドルを挙げるとき）に吐く。

TRAINING

BIO MECHANICS

三角筋前部

大胸筋上部

大胸筋
中部・下部

上背

肩

胸

上腕二頭筋

上腕三頭筋

▶ワンポイント・バイオメカニクス

❶大胸筋上部に強い収縮感を得られるコンセントリック（短縮性筋収縮）の種目である。フィニッシュで顎を引くと、より強い収縮感が得られる。
❷ケーブルクロスオーバー全般に言えるが、胸を寄せると肩が前に入りがちになる。肩が前に出ないように胸を張ったまますくい上げるようにする。
❸上腕二頭筋で挙げないように。扱う重量が重すぎると上腕二頭筋や前腕を使いがちになる。

重量が重すぎると、このように上腕二頭筋を使って挙げようとしてしまう。大胸筋の収縮感をしっかりと得られる重量で行うこと

ケーブルクロスオーバー（大胸筋中部）

強化される筋肉

主動筋 ▶**大胸筋（特に中部）**
補助筋 ▶**上腕三頭筋、三頭筋前部**

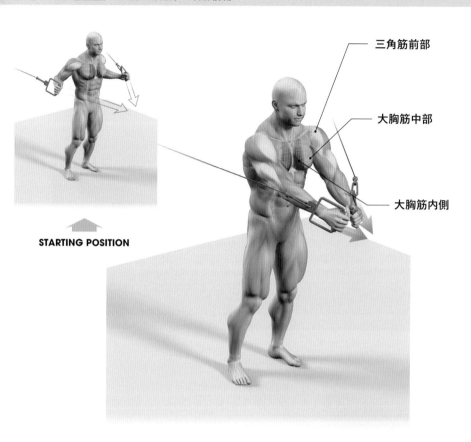

三角筋前部

大胸筋中部

大胸筋内側

STARTING POSITION

▶トレーニング方法

❶デュアルケーブルマシンのプーリーを肩より上の位置に設定する。腰幅ほどの足幅で立ち、両手にハンドルを持つ。ハンドルは手のひらが向き合うようにして持ち、肩甲骨を寄せて胸を張る。上体は、お尻を後方に引いて10度ほど前に倒す。

❷肘関節をロックせずに、抱きかかえるようなイメージで両手を近づけていく。

❸主動筋の収縮を感じたら、ゆっくりとハンドルを戻しスタート姿勢に戻す。以後、運動動作を必要回数繰り返す。

呼吸

胸が開くとき（ハンドルを戻すとき）に息を吸い、閉じるとき（ハンドルを寄せるとき）に吐く。

TRAINING

三角筋前部

大胸中部

大胸筋内側

▶ワンポイント・バイオメカニクス

❶肩が前に出てしまうため、肘は伸ばし切らない。戻す位置は、肩甲骨を寄せるイメージで、胸全体が伸展するまで。

❷方法によってエキセントリック（伸張性筋収縮）の種目にもコンセントリック（短縮性筋収縮）の種目にもなる。エキセントリックを意識する場合は、ある程度の重量を使って爆発的動作で引いて収縮をかけ、ゆっくりと戻す。コンセントリックを意識する場合はゆっくりしたテンポで、引くときも戻すのも同じスピードで行う。

POINT

上腕は体幹との角度が90度になる位置に。
「前にならえ」の高さで動作を行うこと

スベンドプレス

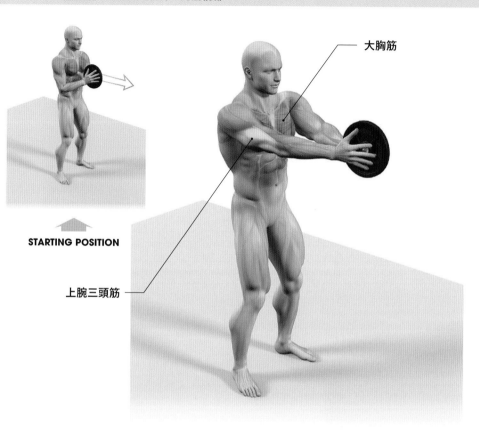

大胸筋

STARTING POSITION

上腕三頭筋

▶トレーニング方法

呼吸

❶肩を落として胸を張った状態で肘を曲げ、両手でプレートなどを挟み込む。両手の手根部でプレートなどを強く押し込む。

❷大胸筋を内側に絞り込むようにしながらゆっくりと肘を伸ばし、前方にプッシュする。大胸筋上部を狙いたい場合は上方向にプッシュする。ただし、角度が上になるほど力が抜けがちなり、難易度が高くなる。

❸主動筋の収縮を感じたら、プレートを手根部で押したまま、ゆっくりと肘を曲げてスタート姿勢に戻す。以後、運動動作を必要回数繰り返す。肩が上がりやすい種目である。動作中はしっかりと肩を落とすように。

胸が開くとき（戻すとき）に息を吸い、閉じるとき（押すとき）に吐く。

TRAINING

BIO MECHANICS

大胸筋

上腕三頭筋

▶ワンポイント・バイオメカニクス

❶力を入れた状態をキープして負荷をかけるアイソメトリック（等尺性筋収縮）の種目である。大胸筋からは常に緊張を抜かないようにする。

❷脇を広げて行うと、より大胸筋内側を刺激しやすい。脇を締めて行うと大胸筋外側を刺激しやすい。

❸肩が前に出やすいので注意。肩が前に出ると大胸筋の収縮が抜けやすくなる。

❹動きが小さい種目であるため、肩を痛めている人でもできる場合がある。ただし、筋肥大を狙うには刺激は弱い。

VARIATION

下方向に押すと大胸筋下部、上方向に押すと大胸筋上部に刺激がいく。角度が上方向になるほどエクササイズの難易度が高くなる

上背

肩

胸

上腕二頭筋

上腕三頭筋

COLUMN 04

炭水化物を冷やす!?

～糖質は本当に食べてはいけないのか～

　私たちの身体を作り、エネルギーとなる大切な3大栄養素。それは「タンパク質」「脂質」「炭水化物」です。ここでは「炭水化物＝糖質」として話を進めていきます。

　糖質制限ダイエットの流行で、炭水化物は「悪」のように思われがちになりました。確かに、巷には「糖質ゼロ」「ローカーボ」などの単語が溢れています。糖質はダイエットの敵。痩せたいなら炭水化物は食べてはいけない。そんなイメージを抱いている人も少なくないと思います。

　しかし、最近の研究では、炭水化物は冷やすことで質が変化するということが論じられています。炭水化物に含まれるデンプンが「レジスタントスターチ」（難消化性デンプン）という物質に変化するというのです。

　レジスタントスターチとは、通常のデンプンに比べ体内で消化されづらく、そのためカロリーとして吸収されづらくなります。つまり、食べても太りづらい、ということなのです。さらに、腸内で発酵し、善玉菌を増やし、悪玉菌を減らす効果もあり、腸内環境も整えてくれます。

　レジスタントスターチは摂氏4度で変化すると言われています。例えば、おにぎりを冷蔵庫で冷やして、そのあと常温に戻せばそれでOK。いいお米は冷えてもおいしいものです。炭水化物は筋力トレーニングの重要なエネルギー源でもあります。サツマイモも「焼く」と「蒸す」とでは糖度が違ってきます。蒸したほうが糖度は低いです。同じ食材でも、調理の違いによって糖度が変わってくるのです。「食べたら太る」と敬遠するだけではなく、ぜひ試してみてください。

（豊島 悟）

上腕二頭筋

text by Satoru Toyoshima

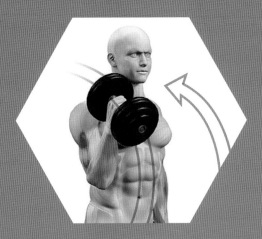

THE TRAINING ANATOMY

CHAPTER 04

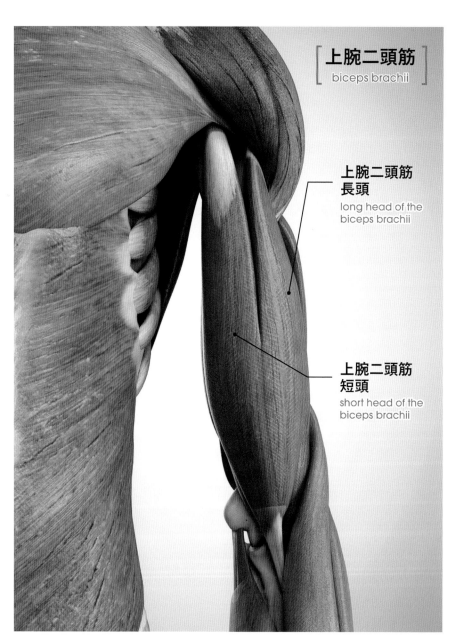

[上腕二頭筋]
biceps brachii

上腕二頭筋
長頭
long head of the
biceps brachii

上腕二頭筋
短頭
short head of the
biceps brachii

©GettyImages

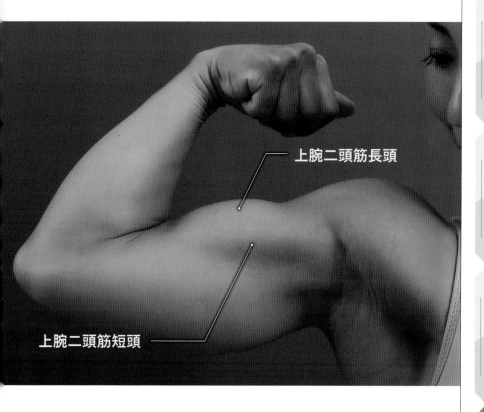

上腕二頭筋長頭

上腕二頭筋短頭

上腕二頭筋の長頭腱の痛みには注意

　「力こぶ」を形成する上腕二頭筋はその名の通り、腕の内側に位置する短頭と外側にある長頭の２つの筋肉から成り立っている。力こぶの頂点が長頭、こぶのふもとの部分が短頭だ。肩関節と肘関節をまたぐ２関節筋であり、肩関節の屈曲の動きにも関与する。さらに長頭は肘関節の屈曲、短頭は肘関節屈曲および前腕の回外を司る。

　トレーニングを進める上での注意点としては、上腕二頭筋の種目で高重量を扱うと長頭腱を痛めやすい傾向にある。ここを痛めると、プレス系など胸や肩の種目にも影響が出てしまう。肩に痛みを感じるが、実はその原因は上腕二頭筋の長頭腱だったという人は珍しくない。

　特にプレス系種目を行う際に肩に痛みが走る人は、長頭腱を疑ったほうがいいかもしれない。そういった症状がみられる人は、上腕二頭筋のトレーニングの重量や頻度を見直してみよう。

ダンベル・ハンマーカール

ミッド
レンジ
種目

強化される筋肉

| 主動筋 | ▶上腕二頭筋、上腕筋、腕橈骨筋 |
| 補助筋 | ▶前腕伸筋群、前腕屈筋群 |

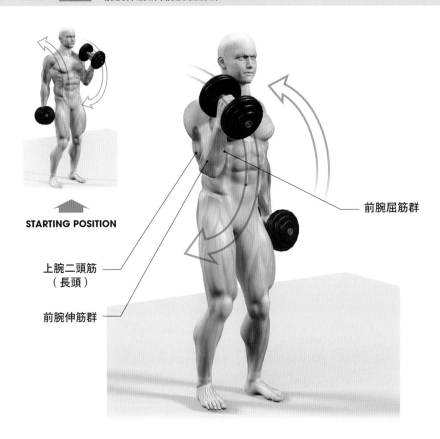

STARTING POSITION

前腕屈筋群

上腕二頭筋
（長頭）

前腕伸筋群

▶トレーニング方法

❶背筋を伸ばし、肩幅よりも狭い足幅で立つ。腕を伸ばし、両手にダンベルを縦に持って構える。

❷肘を固定し、肘を支点にしてダンベルを持ち上げる。このとき手首は回旋せず、親指が上を向いた状態となる。また、肩は動かさない。

❸主動筋の収縮を感じたら、重さを感じながらゆっくりとスタート姿勢に戻す。片方を下ろしたら、もう片方を上げていく。以後、運動動作を必要回数繰り返す。

呼吸

息を吐きながらダンベルを挙げ、吸いながら下ろす。高重量を扱う場合は動作開始前に息を吸い込み、息を止めて挙げてフィニッシュポジションで吐き出し、吸いながら下ろしていく。

TRAINING

BIO MECHANICS

上腕二頭筋
（長頭）

前腕伸筋群

前腕屈筋群

▶ワンポイント・バイオメカニクス

❶肘を支点にした前腕の円運動になる。動作に肩関節が関与しないため肩を痛めづらい。

❷上腕二頭筋長頭腱に負担がかかりづらく、高重量を扱ってもケガを負うリスクは比較的低い。

❸上腕（主に上腕二頭筋長頭）と前腕筋（主に腕橈骨筋）を刺激できる種目である。腕全体をバランスよく鍛えることができる。

VARIATION

左右を交互に挙げるオルタネイトではなく、両腕を同時に行ってもよい。こちらのほうが体幹は安定するが、オルタネイトのほうが主動筋の意識はしやすい

スパインカール

強化される筋肉

ストレッチ種目

主動筋 ▶上腕二頭筋、上腕筋
補助筋 ▶腕橈骨筋、前腕屈筋群

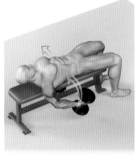

STARTING POSITION

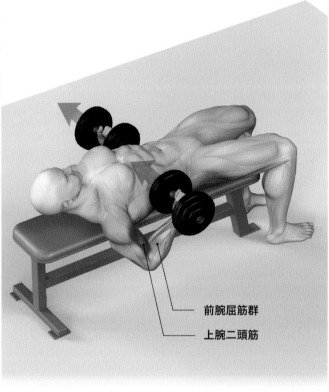

前腕屈筋群

上腕二頭筋

▶トレーニング方法

 呼吸

❶フラットベンチの上で仰向けになる。上腕を床に対して極力、垂直になるように下ろしてダンベルを持つ。このとき、肘は伸ばし切らず、ダンベルを持つ手は親指側が上になる。肩甲骨は寄せて、頭を少し起こす。

❷肘の位置を固定したまま、小指側を上げながら（前腕の回外）、ダンベルを持ち上げる。

❸主動筋の収縮を感じたら、重さを感じながらゆっくりとスタート姿勢に戻す。以後、運動動作を必要回数繰り返す。

息を吐きながらダンベルを挙げ、吸いながら下ろす。

TRAINING

BIO MECHANICS

上腕二頭筋

前腕屈筋群

▶ワンポイント・バイオメカニクス

❶上腕二頭筋に強いストレッチをかけられる種目である。インクラインダンベルカールより
もストレッチ感は強い。

❷肘を支点にした前腕の円運動になる。
フィニッシュでは上腕が床に対して垂直
になるようにする。

NG!

ダンベルを挙げる際、上腕は極力動かさ
ない。上腕の位置を保ったまま、肘を支
点にしてダンベルを挙げること

ドラッグカール

強化される筋肉

コントラクト
種目

主動筋 ▶**上腕二頭筋、上腕筋**
補助筋 ▶**前腕屈筋群**

STARTING POSITION

上腕二頭筋

前腕屈筋群

▶トレーニング方法

❶肩幅ほどの足幅で背筋を伸ばして立ち、手のひらを前に向けたアンダーグリップでバーベルを持つ。手幅は肩幅より拳一つ分ほど広めに。肘は横に開かず、肩は落とす。

❷バーが腹部をこするように、肘を後方に引きながらバーベルを垂直方向に挙げていく。肩を引き、肩甲骨は寄せる。

❸腕が床に平行になるいくらいまで引き、主動筋の収縮を感じたらゆっくりとスタート姿勢に戻す。以後、運動動作を必要回数繰り返す。

 呼吸

息を吐きながらダンベルを挙げ、フィニッシュポジションで吐き切り、吸いながら下ろす。

TRAINING

BIO MECHANICS

前腕屈筋群

上腕二頭筋

▶ワンポイント・バイオメカニクス

NG!

肩を上げない。僧帽筋などは
使わないこと

❶高重量は扱えないが、強い収縮感が得られるコンセントリックの種目である。ストレッチ種目のインクラインカールやスパインカールを組み合わせて行うことで上腕二頭筋を全体的に刺激できる。
❷肘を「曲げる」ではなく、「引く」「後方にスライドさせる」というイメージで行う。
❸扱うバーベルが重すぎると収縮感が得られない。収縮感が得られる重量で行うこと。また、正確な動作が求められる種目であるため、反動は使わない。

ゾットマンカール

強化される筋肉

ミッド
レンジ
種目

主動筋 ▶上腕二頭筋、上腕筋、腕橈骨筋
補助筋 ▶前腕伸筋群、前腕屈筋群

STARTING POSITION

上腕二頭筋

前腕伸筋群

▶トレーニング方法

❶肩幅ほどの足幅で背筋を伸ばして立ち、手のひらを前に向けたアンダーグリップでダンベルを持つ。

❷肘を支点にして上腕二頭筋を収縮させダンベルを持ち上げる。

❸ダンベルを挙げ切ったら、親指を内側に返しながら手の甲を上に向け(手首の回内)、肘を支点にしてダンベルを下ろしていく。

❹親指を外側に返して手のひらを前に向け(手首の回外)、スタート姿勢に戻す。以後、運動動作を必要回数繰り返す。

呼吸

息を吐きながらダンベルを挙げ、吸いながら下ろす。

TRAINING

BIO MECHANICS

上腕二頭筋

前腕伸筋群

▶ワンポイント・バイオメカニクス

❶上腕二頭筋と前腕を同時に鍛えられる種目である。前腕と上腕筋が主動筋となるリバースカールはコンセントリック（ポジティブ）動作であまり重量が扱えないが、この種目はコンセントリック動作で上腕二頭筋が主に働くため重量を扱える。そのため、エキセントリック（ネガティブ）動作でリバースカールよりも強い負荷をかけることができる。

❷リバースカールよりも重量を扱えるが、通常のダンベルカールほどの重量は扱えない。

POINT

スタートでは肘を支点としてダンベルを挙げ、上腕二頭筋をしっかりと収縮させる

ケーブルニーリングカール

強化される筋肉

主動筋 ▶上腕二頭筋、上腕筋
補助筋 ▶前腕屈筋群

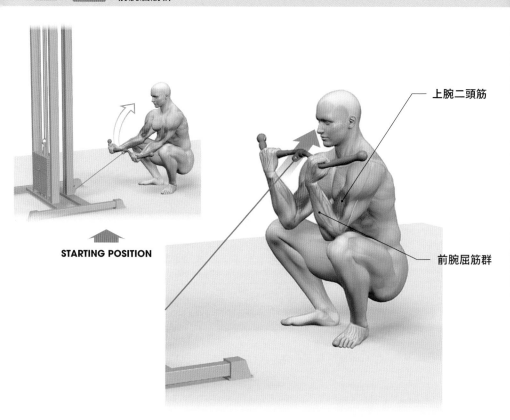

上腕二頭筋

STARTING POSITION

前腕屈筋群

▶トレーニング方法

❶ケーブルマシンに向かって膝を折ってしゃがむ。膝、もしくは膝の内側（内側広筋）に両肘を乗せて固定し、オーバーグリップでハンドルを持つ。
❷しっかりと脇を締めて肘がぶれないようにし、肘を支点にして上腕二頭筋を収縮させケーブルを引く。
❸主動筋の収縮を感じたらゆっくりとスタート姿勢に戻す。以後、運動動作を必要回数繰り返す。

呼吸
▼
息を吐きながらケーブルを引き、吸いながら戻す。

TRAINING

BIO MECHANICS

上腕二頭筋

前腕屈筋群

▶ワンポイント・バイオメカニクス

❶上腕二頭筋を強く収縮できるコンセントリック（短縮性筋収縮）の種目である。扱う重量が重すぎると刺激が逃げてしまう。

❷肘を乗せるのは膝でもよいが、クッション性がない。膝の内側に乗せると、内側広筋がクッションになる。

❸ワンハンドで行うと上腕二頭筋のピーク（力こぶの頂上）を意識しやすい。

POINT

肘は両膝の内側に乗せる。内側広筋がクッションとなり、スムーズに動作が行える

植物性タンパク質 or 動物性タンパク質？

～身体作りにおける大切な栄養素～

「フィットネス」にとって「食」は切っても切り離せない大切な要素です。身体を作るトレーニングの3大原則。それは、

・栄養

・休養

・トレーニング

です。その中で最も大切なものが「栄養」になります。そして、身体を作る上で、生きる上で、一番重要な栄養素がタンパク質です。

　タンパク質には大きく分けて、次の2つがあります。

・植物性タンパク質（大豆、穀物、野菜など）

・動物性タンパク質（肉、魚、卵など）

　身体作りにおけるタンパク質と言うと、肉や魚、卵、乳製品などを真っ先に思い浮かべるでしょう。確かに、実際にトレーニングをして身体作りをしている人にとって、メインのタンパク質を動物性にしている方は多いです。

　事実、筆者も鶏肉は苦手ですが、どちらかといえば魚中心のタンパク質を摂取してきました。一昔前は魚だけでは筋肉はつかないと言われてきましたが、今ではボディメイクの重要なタンパク源として積極的に摂取する人が増えてきました。

　昨今は、「代替肉」として豆類、主に大豆、えんどう豆を加工したものも増えてきています。これらは植物性タンパク質です。

　宗教上の問題や、また欧米諸国での健康嗜好ブームに乗り、現在は代替肉が第二の重要なタンパク源になってきています。日本でも昔から大豆などを原料とした納豆、豆腐などがあり、植物性タンパク質に日本人は慣れ親しんできました。

　動物性タンパク質に偏ると生活習慣病のリスクも高くなることから、動物性タンパク質と植物性タンパク質、どちらか一方に偏るのではなく、各々に利点があるので、バランスよく摂取するのが望ましいでしょう。

　植物性タンパク質と動物性タンパク質の同時摂取効果を検証したところ、ダブルで摂取するとタンパク質が体内に効率的に吸収されることが確認されました。また、筋肉の萎縮を制御する傾向も認められたのです。このような研究結果から、1種類のタンパク質のみを摂取するより、効率的に体内に吸収されることが分かったのです。

　また、未来のタンパク源として昆虫食が注目されていますが、筆者も含め、まだまだ受け入れられるまでは時間がかかりそうです。今後の研究に期待したいですね。

（豊島 悟）

上腕三頭筋

text by Satoru Toyoshima

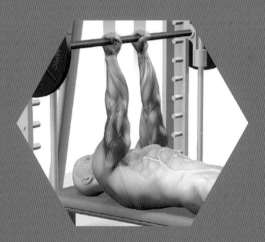

THE TRAINING ANATOMY

CHAPTER 05

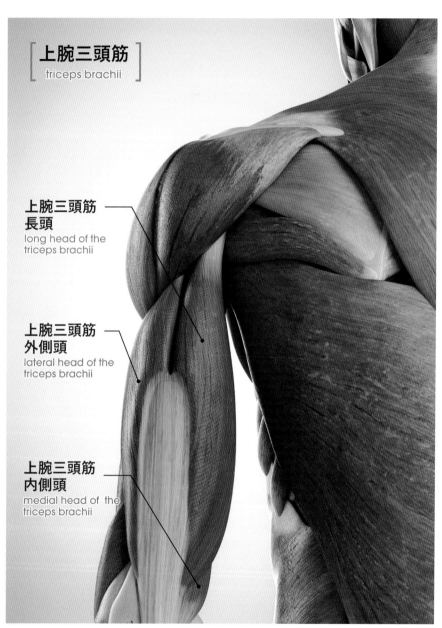

［上腕三頭筋］
triceps brachii

**上腕三頭筋
長頭**
long head of the
triceps brachii

**上腕三頭筋
外側頭**
lateral head of the
triceps brachii

**上腕三頭筋
内側頭**
medial head of the
triceps brachii

©GettyImages

腕の
サイズアップを
狙う上で
重要な筋肉

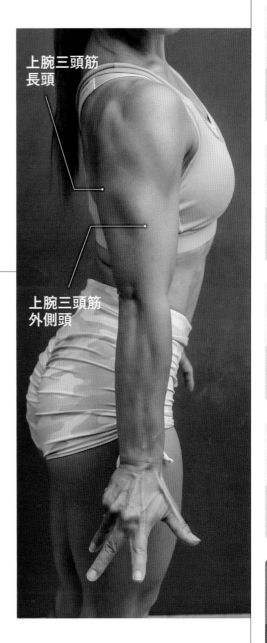

上腕三頭筋
長頭

上腕三頭筋
外側頭

上腕三頭筋には長頭、外側頭、内側頭の３つの筋肉があり、長頭は肩甲骨から尺骨、外側頭と内側頭は上腕骨から尺骨に伸びている。動きとしては肘関節の伸展を司っている。

太い腕を作るために上腕二頭筋を必死になって鍛える人は少なくない。だが、体積は上腕三頭筋のほうが上腕二頭筋よりも大きい。上腕二頭筋が腕の「顔」だとしたら、上腕三頭筋は「身体」にあたる。力こぶは、腕の「表情」。他人に印象を与える際に表情は大切だが、たくましさを演出するのはあくまで「身体」。腕のサイズアップを狙う上で重要なのは上腕三頭筋のほうである。

また、高重量を扱えるのも上腕三頭筋の特徴だ。故に肘を痛めることもあるので、トレーニングでは注意が必要となる。今回紹介するワンハンド・ケーブルエクステンションは伸展と収縮のどちらも意識しやすく、なおかつ安全に高重量を扱える優秀な種目なので推奨したい。

スミスマシン・ナローグリップベンチプレス

強化される筋肉

主動筋 ▶上腕三頭筋
補助筋 ▶前腕屈筋群、大胸筋

STARTING POSITION

上腕三頭筋

上腕三頭筋

▶トレーニング方法

❶バーベルの真下に目線がくるようにフラットベンチの上で仰向けになる。肩を落とした状態で肩幅ほどの手幅でバーを持つ。グリップはサムレスが望ましい。

❷スミスマシンのバーのロックを外し、肘を伸ばした状態で構える。脇を締め、肘が開かないようにしてバーを下げていく。なお、バーは胸にはつけない。下ろす位置は拳一つ分ほどの高さまで。

❸主動筋の伸展を感じたらバーを押し上げ、スタート姿勢に戻す。使用重量は下がるが、オープンハンドで主根部で押すと意識しやすい。以後、運動動作を必要回数繰り返す。

呼吸

バーを下ろすときに息を吸い、挙げるときに吐く。高重量を扱う場合は動作開始前に息を吸い、息を止めたままバーを下ろし、スティッキングポイントを超えたところで吐き出す。

TRAINING

BIO MECHANICS

上腕三頭筋

上腕三頭筋

▶ワンポイント・バイオメカニクス

❶主に上腕三頭筋の内側頭を刺激するコンパウンド（多関節）種目である。
❷胸につけるまで下ろすと上腕三頭筋の関与が減り、大胸筋の関与が増える。
❸肩甲骨を寄せたほうが肩関節への負担は減るが、大胸筋の関与が増える。肩甲骨を寄せずに脇を締めて、そのまま下ろしたほうが上腕三頭筋を使いやすい。

NG!

バーは胸につけない。下ろす位置は拳一つ分ほどの高さまででよい

ワンハンド・ダンベルエクステンション

ミッド
レンジ
種目

強化される筋肉

主動筋 ▶上腕三頭筋
補助筋 ▶肘筋

STARTING POSITION

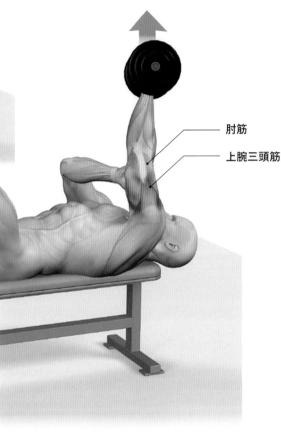

肘筋

上腕三頭筋

▶トレーニング方法

呼吸

❶フラットベンチの上で仰向けになる。膝を曲げ、両足をフラットベンチ
の上に乗せる。片方の腕を天井方向に上げ、もう片方の手で上腕を支える。
中指が鼻先の前（正中線上）にくる位置でダンベルを持つ。ダンベルは小
指側を詰め、親指側を余らせて持つ。

ダンベルを挙げるとき
に吐き、下ろすときに
吸う。

❷しっかりと手首を固定して、肘を支点にして前腕を下ろし、ダンベルを
顔の横まで持ってくる。

❸主動筋の伸展を感じたら、ゆっくりとスタート姿勢に戻す。以後、運動
動作を必要回数繰り返す。

TRAINING

BIO MECHANICS

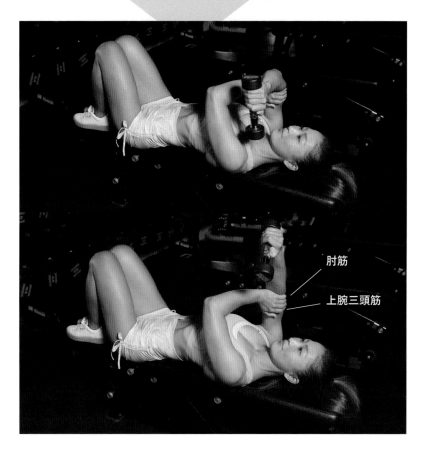

肘筋

上腕三頭筋

▶ワンポイント・バイオメカニクス

❶主に上腕三頭筋の外側頭を刺激する種目である。伸展時も収縮時も負荷をかけられる。収縮、伸展がしっかりと感じられる重量を扱うこと。

❷動作中は肩が前に出ないようにする。三角筋が胸よりも前の位置にいかないように。ただし、肩甲骨を寄せ過ぎると可動域が狭くなる。「肩を後ろに引く」という意識で。
❸バーベルを用いるライイング・トライセップスエクステンションなどよりも肘への負担が少ない。

POINT

下ろしたときは顔の横にダンベルを持ってくるように。ここでは上腕三頭筋をしっかりとストレッチする

オーバーヘッド・ケーブルエクステンション

強化される筋肉

ストレッチ
種目

主動筋 ▶上腕三頭筋
補助筋 ▶前腕屈筋群

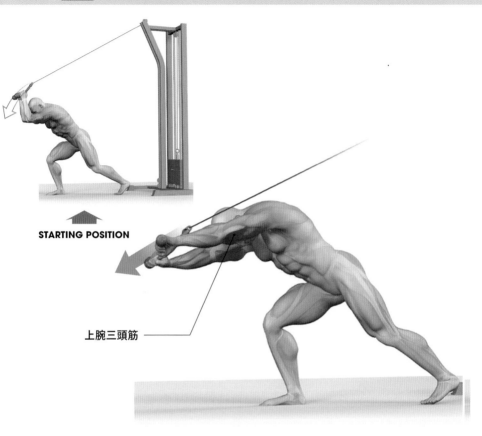

STARTING POSITION

上腕三頭筋

▶トレーニング方法

❶ケーブルマシンを背にしてベントオーバーの姿勢を取る。両手にロープを持ち、「バンザイ」をして肘を耳の位置に合わせて、構える。このとき、肩は下げておく。

❷脇を締めた状態で、頭の上から前方に向かってロープを引く。肘を支点にし、前腕が弧を描くようにする。肘を外側に開かないように。

❸主動筋の収縮を感じたら、ゆっくりとスタート姿勢に戻す。以後、運動動作を必要回数繰り返す。

呼吸

ケーブルを引くときに吐き、戻すときに吸う。高重量を扱う場合は動作開始前に息を吸い込み、息を止めながらケーブルを引き、フィニッシュポジションで吐き出し、吸いながら戻していく。

TRAINING

BIO MECHANICS

上腕三頭筋

▶ワンポイント・
バイオメカニクス

❶主に上腕三頭筋長頭を刺激するストレッチ種目である。ケーブルを使うことでストレッチから収縮まで一定の負荷を与えられる。上腕三頭筋の種目では、エキセントリック動作で扱った重量にコンセントリック動作で耐えられずに肘を痛めてしまうことがあるが、ケーブルでは負荷が一定のためダンベルなどよりもケガのリスクは低い。
❷支柱に尻をつけて行うと軸がぶれない。身体が安定した状態で高重量が扱える。
❸肩が上がると安定性が欠ける。動作中は肩を落とした状態を維持する。

VARIATION

マシンによっては支柱に尻をつけられる場合もある。
尻をつけて行うと身体が安定し、高重量を扱える

リバースグリップ・ケーブルプレスダウン

強化される筋肉

コントラクト種目

主動筋 ▶上腕三頭筋
補助筋 ▶前腕伸筋群

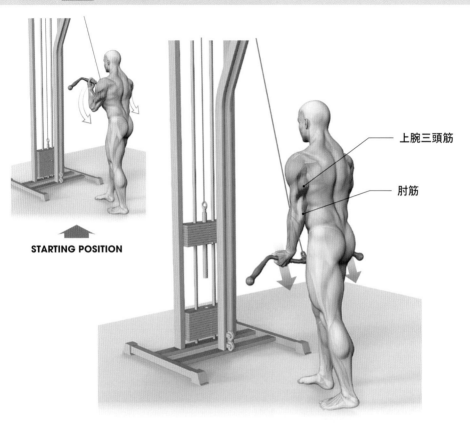

STARTING POSITION

上腕三頭筋

肘筋

▶トレーニング方法

❶ケーブルマシンの前に肩幅よりも狭い足幅で立ち、膝を軽く曲げる。尻を後方に引き、上体を10度ほど前に倒した状態で、リボルディングバーを手のひらを上に向けた状態（手首の回外）で持つ。

❷しっかりと脇を締め、肘を支点にしてバーを下ろす。その際、上腕は体幹部よりも前に行かないようにする。

❸主動筋の収縮を感じたら、ゆっくりとスタート姿勢に戻す。以後、運動動作を必要回数繰り返す。

 呼吸

息を吐きながらケーブルを引き、吸いながら戻す。

TRAINING

BIO MECHANICS

上腕三頭筋

肘筋

▶ワンポイント・バイオメカニクス

❶肘への負担が少なく、拮抗筋である上腕二頭筋の関与も少ない。

❷通常のプレスダウンでは拮抗筋も動員される。故に高重量が扱える。しかし、拮抗筋を使うため、上腕二頭筋長頭腱を痛めていると動作が困難になる。この種目では上腕二頭筋はあまり関与しないため、上腕二頭筋長頭腱を痛めている人でもできる場合がある。

❸テクニックとして、リバースグリップで引けなくなったら通常のプレスダウンに手の向きを切り替えて動作を継続すると、さらに強く主動筋を刺激できる。

POINT

持つ位置はリボルディングバーの外側の部分。手首を回外したオーバーグリップで持つ

右側のタブ：上背　肩　胸　上腕二頭筋　上腕三頭筋

119

ワンハンド・ケーブルエクステンション

強化される筋肉

主動筋 ▶上腕三頭筋
補助筋 ▶肘筋

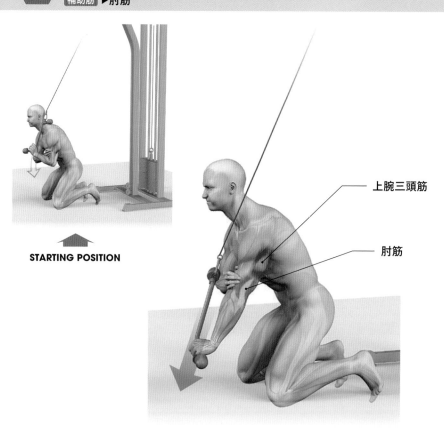

STARTING POSITION

上腕三頭筋

肘筋

▶トレーニング方法

❶ケーブルマシンの横で膝立ちになり、肩を下げた状態で片手でロープを持つ。もう片方の手で腕を固定し、安定させる。上体は10度ほど前に倒し、脇を締める。

❷脇を締めたまま、肘を支点にしてロープを下に押し込む。脇を広げると軌道が安定しなくなるため、上腕は動かさない。

❸主動筋の収縮を感じたら、ゆっくりとスタート姿勢に戻す。戻す際も肩は下げた状態を維持する。以後、運動動作を必要回数繰り返す。

呼吸
▼

ケーブルを引くときに吐き、戻すときに吸う。高重量を扱う場合は動作開始前に息を吸い込み、息を止めながらケーブルを引き、フィニッシュポジションで吐き出し、吸いながら戻していく。

TRAINING

BIO MECHANICS

上腕三頭筋

肘筋

▶ワンポイント・バイオメカニクス

❶この種目は立位で行うと身体の軸がぶれやすくなるため、膝立ちで行うことが望ましい。膝立ちで行うことで下半身が安定し、より上腕三頭筋にフォーカスしやすくなる。

❷高重量を扱える種目である。肘への負担も少なく、安全に高重量を扱える種目と言える。

❸動作中、逆側のロープが身体に引っかかることがあるため、逆側のロープはヘッドの部分を外に向けておく。

POINT

握っていない側のロープのヘッド部分は顔の反対側を向けるように。顔の側に向けていると、ヘッド部分が動作の邪魔になる

トライセプスプッシュアップ

コントラクト
種目

強化される筋肉

主動筋 ▶上腕三頭筋

補助筋 ▶大胸筋、肘筋

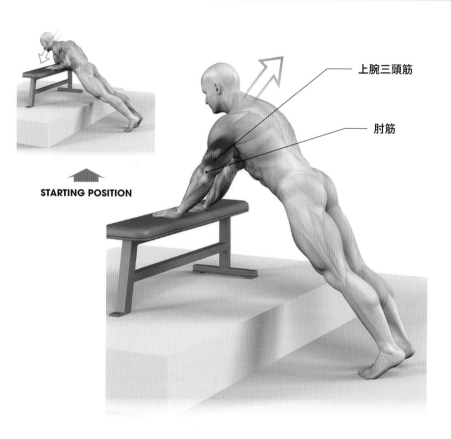

STARTING POSITION

上腕三頭筋

肘筋

▶トレーニング方法

❶ベンチ台などに両手を置き、身体をまっすぐにして肘を伸ばす。上体の角度は60度ほど。手幅は肩幅ほどで、手のひらは「ハ」の字にする。足幅は腰幅より狭くし、カカトを上げてつま先をつける。

❷脇を締め、肘が開かないようにしてプッシュアップ動作を行う。

❸動作中、身体はまっすぐなラインを保つ。軸をぶらさないようにする。

呼吸
▼

肘を曲げるときに息を吸い、伸ばすときに吐く。

TRAINING

BIO MECHANICS

上腕三頭筋

肘筋

▶ワンポイント・バイオメカニクス

NG!

身体を下ろしたときに腰や
背中を反らないように。身
体の軸を一直線に保った状
態で動作を行うこと

❶通常のプッシュアップよりも体重がか
からないため、上腕三頭筋にフォーカス
しやすい。

❷ゆっくりとしたリズムで行う。目安と
してはポジティブ（押す動作）３秒、ネ
ガティブ（下ろす動作）3秒ほど。

上背

肩

胸

上腕三頭筋

上腕三頭筋

クオリティー・オブ・ライフ

〜筋力トレーニングで QOL を向上させる〜

　筋力トレーニングを行うことで、見た目が変わるのはもちろん、「姿勢保持」、「基礎代謝のアップ」「血流の改善」「体脂肪の減少」「生活習慣病の改善」など様々なメリットを得られます。

　また、若い世代の人たちだけでなく、熟年層やそれ以上の年代の方にも「ロコモティブシンドローム予防」「サルコペニア（加齢による骨格筋量の低下）予防」など、たくさんの効果があります。

　さらにトレーニングによって鍛え上げられた筋肉は、うつ病などの精神疾患を解毒するホルモンも体内に出してくれます。

・ドーパミン
・エンドルフィン
・アドレナリン
・セレトニン
・オキシトシン

など、身体だけではなく心にもよいホルモンが分泌されるのです。

　例えば、こんなことがあります。ある企業の会長さんは毎日のように接待が続き、運動とは無縁の飲み歩く日々を送っていたそうです。当然のことながら体型は崩れ、毎日のように倦怠感に見舞われたといいます。

　しかし、毎朝6時からパーソナルトレーニングを受け、筋力トレーニングを実施するようになってからは生活全体の習慣を見直すようになりました。食事にも気を付け、体調もよくなり、見た目だけではなく、まさしく「生活の質」が変わったのです。

　他にも高齢の女性で、姿勢の崩れに起因する不調がトレーニングで改善され、気持ちが明るくなったという方がいます。ウエアを新調したり、それを着てワクワクした気持ちになったりすることで、見た目も若返って、人生がますます楽しくなってきたとのことです。

　QOL（クオリティー・オブ・ライフ）の概念、それはソクラテスの言葉である「何よりも大切にすべきは、ただ生きることではなく、よく生きることである」といった哲学的追求までさかのぼることができます。筋力トレーニングを日々の習慣として取り入れることで「毎日が充実し、心身が満たされた生活」を送れるようになるのです。

（豊島 悟）

股関節

の筋

text by Satoru Toyoshima

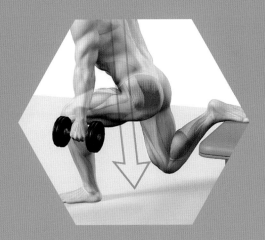

THE TRAINING ANATOMY

CHAPTER 06

©GettyImages

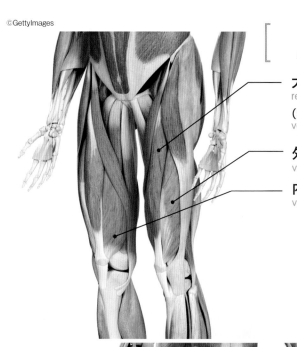

大腿四頭筋
quadriceps femoris

大腿直筋
rectus femoris

（深層に中間広筋）
vastus intermedius

外側広筋
vastus lateralis

内側広筋
vastus medialis

中殿筋
gluteus mediu

大殿筋
gluteus maximus

ハムストリングス
hamstrings

大内転筋
adductor magnus

大腿二頭筋
biceps femoris

半腱様筋
semitendinosus

半膜様筋
semimembranosus

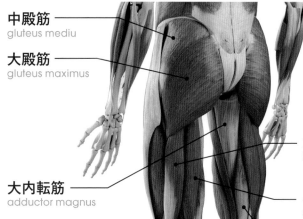

©GettyImages

お尻は
大殿筋だけ
ではなく
中殿筋も重要

股関節周りには様々な筋肉が存在
し、大腿部の表層には大腿直筋・外側
広筋・内側広筋・中間広筋から成る大腿
四頭筋、大腿二頭筋・半膜様筋、半腱
様筋から成るハムストリングスがあ
る。殿部には大殿筋、中殿筋、小殿
筋、またインナーマッスルとして腸腰
筋（大腰筋・小腰筋）、梨状筋、腸骨筋
……などが存在する。

近年はお尻のトレーニングがブーム
となり、ジムではヒップスラストなど
に励む女性の姿も珍しくなくなった。
女性だけでなく、お尻を鍛えることで
男性もボディライン、特に"見た目年
齢"と大きく関係する後ろ姿が改善さ
れることが期待できる。また、高齢者
にとっては、お尻の筋肉を発達させる
ことはロコモ予防にもつながる。

お尻と言えば大殿筋のイメージが強
いが、横に位置する中殿筋も大事な筋
肉である。股関節外転に関わる中殿筋
は激しいパフォーマンスが求められる
競技者にとっても、またボディメイク
面でも重要。今回は中殿筋にフォーカ
スした種目も紹介しているので、日頃
のトレーニングメニューに取り入れて
いただきたい。

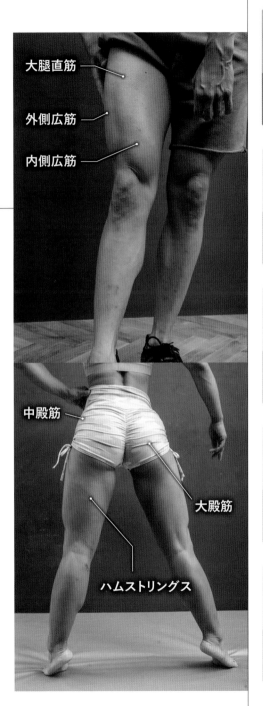

大腿直筋

外側広筋

内側広筋

中殿筋

大殿筋

ハムストリングス

ブルガリアンスクワット

強化される筋肉

主動筋 ▶**大殿筋、ハムストリングス、大腿四頭筋**

STARTING POSITION

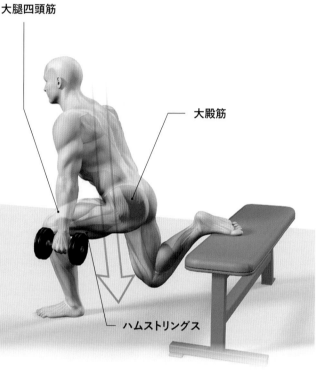

大腿四頭筋

大殿筋

ハムストリングス

▶トレーニング方法

❶両手にダンベルを持ち、背筋を伸ばして立つ。ベンチに片足を乗せ、上体を前に10度ほど倒してスタートポジションを取る。このとき、床に置いた足とベンチ台に乗せた足の距離は自分の肩幅程度、もしくは肩幅よりも半歩ほど広く取る。

❷前脚の膝を大腿部が床に平行になるまで屈曲させる。床に置いた足は、足裏全体で踏みしめながらも重心はカカトに置く。

❸殿部の伸展を感じたら、ゆっくりと元の体勢に戻る。なお、膝は伸ばし切らない。ノンロックの状態で動作を行うこと。以後、運動動作を必要回数繰り返す。

▷ **呼吸**

息を吸いながら股関節と膝関節を屈曲させ、吐きながら伸展させる。

TRAINING

BIO MECHANICS

大腿四頭筋

大殿筋

ハムストリングス

▶ワンポイント・バイオメカニクス

❶上体の角度が重要となる。スプリットスクワットは上体をまっすぐに立てて実施するが、そのフォームでメインターゲットとなるのは大腿四頭筋になる。ブルガリアンスクワットで殿部に効かせたい場合は上体を10度ほど前に倒して骨盤を前傾位に保つ。股関節から曲げ

POINT

て、膝がつま先よりも前に出ないように真下に腰を落とす。20~30度まで倒すと、より大殿筋、中殿筋、ハムストリングスの伸展を感じやすい。

❷軽い重量でも対象筋に強い負荷を与えられる種目である。膝を伸ばしたときに動きを止めて、軸を固定して行うと体幹力も養われる。

❸初心者は自重でも十分である。お尻に手を触れて行うと殿部の伸展・収縮を意識しやすい。

つま先は前を向ける。つま先と膝は同一ライン上にくるように、同じ方向を向けること。これはP154で紹介するウォーキングランジも同様

ダンベルスクワット

強化される筋肉

ミドル
レンジ
種目

主動筋 ▶ハムストリングス、大腿四頭筋、大殿筋
補助筋 ▶下腿三頭筋、前脛骨筋

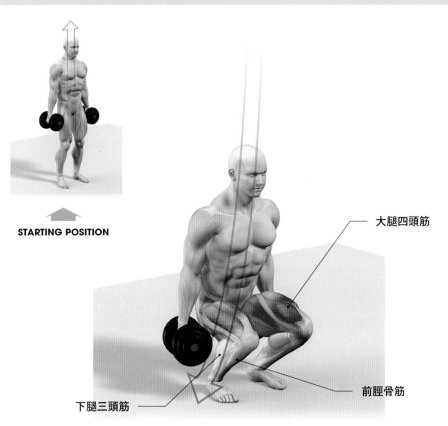

STARTING POSITION

大腿四頭筋

前脛骨筋

下腿三頭筋

▶トレーニング方法

❶腕を身体の横に下ろし、ダンベルが前後になるように持って構える。背筋（せすじ）は伸ばし、足幅は腰幅程度とする。
❷その姿勢からお尻を後方に引きながら股関節、膝関節を屈曲し、しゃがんでいく。このとき、膝が前に出やすいので注意が必要。体幹はやや前傾し、お尻を後方に突き出し、膝はつま先より前に出ないようにする。
❸大腿部が床と並行、もしくは平行よりやや深い位置までしゃがんだら、元の体勢に戻る。以後、運動動作を必要回数繰り返す。

呼吸

息を吸いながら股関節と膝関節を屈曲させ、吐きながら伸展させる。

TRAINING

大腿四頭筋

下腿三頭筋

前脛骨筋

▶ワンポイント・バイオメカニクス

❶「担ぐ」という作業がないため、肩関節、腰椎に負担がかからない。また、ダンベルを身体の横で持つことで動作も安定しやすい。

❷バーベルスクワットは股関節、膝関節屈曲の際に負荷が身体の前方の方向にかかりがちになるが、この種目は体軸のラインに負荷がかかる。よって大腿四頭筋、ハムストリングス、殿部をバランスよく刺激できる。

❸動作中は肩を落とし（肩甲骨の下制）、胸を張った状態（肩甲骨の内転）を保つ。疲れてくると前かがみになりやすくなるので注意。

❹ダンベルを保持する握力が先に疲れてしまうこともあるため、パワーグリップなど握力をサポートするギアを使用して行うのが望ましい。

前かがみにならない。肩を落として胸を
張った状態で行うこと

スミスマシン・ハックスクワット

強化される筋肉

ミッド
レンジ
種目

| 主動筋 | ▶大腿四頭筋、ハムストリングス、大殿筋 |
| 補助筋 | ▶下腿三頭筋 |

STARTING POSITION

大腿四頭筋

▶トレーニング方法

❶スミスマシンに寄りかかるようにしてバーを担ぐ。担ぐ位置は通常のスクワットよりも上の位置、すなわち僧帽筋上部あたりが望ましい。バーは肩幅より広い位置で、肩関節に無理のない幅で持つ。

❷足を一足分ほど前に出す。足幅は通常のスクワット同様、肩幅程度を基本とする。つま先は自然な角度で外側、もしくは前に向ける。

❸その姿勢から腰を真下に下ろしていく。「お尻を引く」ではなく「垂直方向にお尻を下げる」というイメージで行う。大腿部が床と並行、もしくは平行よりやや深い位置までしゃがんだら、ゆっくりと立ち上がる。以後、運動動作を必要回数繰り返す。

> **呼吸**
> 息を吸いながら股関節と膝関節を屈曲させ、吐きながら伸展させる。

TRAINING

BIO MECHANICS

大腿四頭筋

▶ワンポイント・バイオメカニクス

❶通常のスクワットよりも大腿四頭筋への刺激が強い種目である。スミスマシンを用いることで「足を前に置く」というフォームが可能となり、股関節主導のスクワットが行える。また、軌道が固定されているため動作がぶれず、大腿四頭筋にフォーカスしやすい。

❷スクワット種目全般に言えることであるが、重心は足裏全体に置く。

❸膝をロックすると膝関節に負担がかかる。膝は伸ばし切らない。足首の柔軟性に乏しい人はつま先に薄いプレート（1.25kgプレートや2.5kgプレートなど）を敷いて行ってもよい。

POINT

お尻は大腿部が床と並行か、それよりもやや深い位置まで
下げる。背筋は伸ばしたままの状態を維持する

ピストルスクワット

強化される筋肉

| 主動筋 | ▶大腿四頭筋、ハムストリングス、大殿筋 |
| 補助筋 | ▶下腿三頭筋、前脛骨筋 |

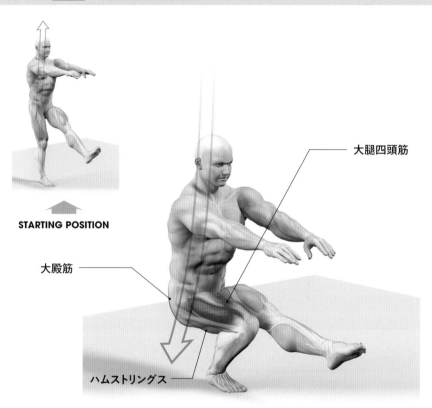

STARTING POSITION

大腿四頭筋

大殿筋

ハムストリングス

▶トレーニング方法

❶背筋を伸ばして立ち、両腕、片脚を床と並行になるくらいまで上げる。このとき、身体のバランスをしっかりと保つこと。

❷両腕、片脚を伸ばした状態を維持したまま、股関節、膝関節を屈曲し、腰を垂直方向に落としていくイメージでしゃがんでいく。このとき、膝がつま先よりも前に出ても構わない。

❸しっかりとしゃがんだら、膝関節、股関節を伸展しながら立ち上がる。バランスを崩さないよう注意が必要。立ち上がるときも背筋を伸ばした状態を保つようにする。以後、運動動作を必要回数繰り返す。

呼吸

息を吸いながら股関節と膝関節を屈曲させ、吐きながら伸展させる。

TRAINING

大腿四頭筋

大殿筋

ハムストリングス

▶ワンポイント・バイオメカニクス

❶非常に難易度の高い種目である。体重の軽い女性よりも、体重の重い男性のほうが実施するのが難しい傾向にある。慣れるまでは壁やイスなどに手を置いて行うことが望ましい。

❷強い体幹の力が要求される。また、大腿四頭筋、大殿筋に強い刺激を与えることができる。

自重で行える究極の体幹トレーニングと言え、激しい動きを伴うアスリートにも推奨できる。

❸足首の柔軟性も必要とされる。動作がスムーズに行えないという人は足首の柔軟性が乏しい可能性もある。

VARIATION

動作が難しい場合は、いわゆる「ベンチスクワット」の要領で、イスなどを用いて実施してみよう。スタートポジションからゆっくりイスに座り、お尻がついたら立ち上がる

スミスマシン・バックランジ

強化される筋肉

ストレッチ
種目

| 主動筋 | ▶ハムストリングス、大殿筋、大腿四頭筋 |
| 補助筋 | ▶下腿三頭筋 |

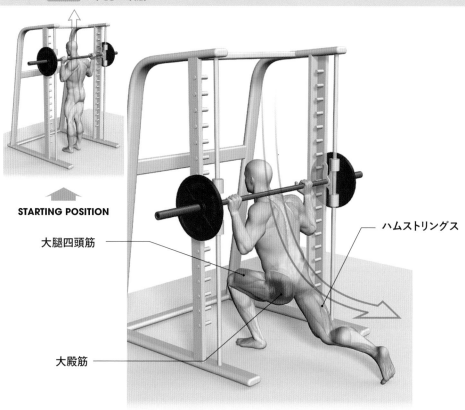

STARTING POSITION

ハムストリングス

大腿四頭筋

大殿筋

▶トレーニング方法

呼吸

❶スミスマシンのバーを担ぎ、背筋を伸ばして立つ。足幅は腰幅程度。バーは僧帽筋の上に乗せ、肩幅より広い位置で、肩関節に無理のない手幅で持つ。

❷後方に片足を踏み込み、後ろ足のつま先を床につけてカカトを上げる。膝を地面に近づけながら、股関節を屈曲して腰を下ろしていく。膝は床にはつけない。床につかないぎりぎりの高さまで下ろすこと。

❸お尻を伸展させて一瞬静止し、ゆっくり上体を上げていき足をスタートポジションに戻す。

バーを下ろしながら息を吸い、吐きながら挙げる。

TRAINING

BIO MECHANICS

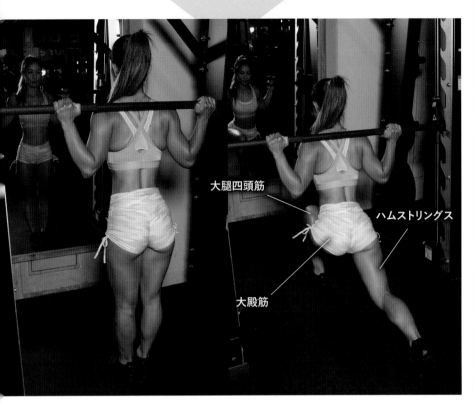

大腿四頭筋

ハムストリングス

大殿筋

▶ワンポイント・バイオメカニクス

❶前かがみにならない。背中が丸まりやすいので注意したい。

❷バーベルだと動作が不安定になるが、軌道が定まっているスミスマシンを用いることで安全に実施できる。

❸基本的に高重量で行う種目ではない。重すぎる重量だと他の筋群も動作に動員されるため、逆に主動筋への刺激は弱くなる。丁寧な動作ができる重量で行うこと。

POINT

1レップごとに脚を入れ替えながら行ってもよいが、セットごとに片脚ずつ行った方が主動筋の動きを意識しやすい

スミスマシン・クロススプリットランジ

強化される筋肉

ストレッチ
種目

主動筋 ▶中殿筋、大殿筋、ハムストリングス、大腿四頭筋

補助筋 ▶下腿三頭筋

STARTING POSITION

中殿筋

大殿筋

ハムストリングス

▶トレーニング方法

❶スミスマシンのバーを担ぎ、背筋を伸ばして立つ。バーは僧帽筋の上に乗せ、肩幅より広い位置で、肩関節に無理のない手幅で持つ。

❷片脚を斜め後ろに引き、両脚をクロスさせる。後ろ足はつま先を床につけ、カカトは上げる。上体はやや前傾させる。

❸腰を垂直方向に落としていく。両脚をクロスさせた体勢を保ったまま上下の動作を繰り返す。セットを終えたら、脚を組み替える。

呼吸

▼

息を吸いながら股関節と膝関節を屈曲させ、吐きながら伸展させる。

TRAINING

BIO MECHANICS

中殿筋

大殿筋

ハムストリングス

▶ワンポイント・バイオメカニクス

❶立位で中殿筋が鍛えられる種目は少ないものの、これは立位のまま中殿筋、大殿筋、ハムストリングスなどが同時に鍛えられる優れた種目。両脚をクロスすることでスタート時に中殿筋が伸展位になる。通常のスクワットよりも中殿筋を伸展・収縮させやすい。

❷中殿筋は股関節の外転動作に関与する、アスリートにとって重要な筋肉。中殿筋の拘縮は腰痛の要因にもなるため、しっかりと鍛えておきたい筋肉である。

❸中殿筋が発達することはヒップアップにもつながる。お尻の全体的なボリューム感が増すため、女性にとっては「きれいなお尻」を作るために重要な筋肉と言える。

POINT

片脚は後方ではなく斜め後ろに引く。スタートポジションで中殿筋が伸展していることを感じること

股関節

下腿

腹筋

トレーニングメニューの考え方と実践

応用種目

07 ヒップスラスト

強化される筋肉

コントラクト種目

| 主動筋 | ▶大殿筋、ハムストリングス |
| 補助筋 | ▶大腿四頭筋、下腿三頭筋 |

STARTING POSITION

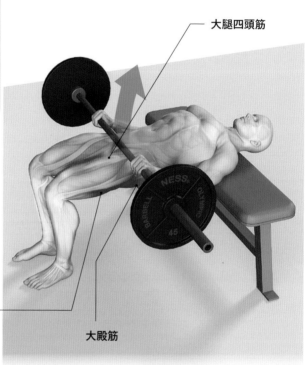

大腿四頭筋

ハムストリングス

大殿筋

▶トレーニング方法

呼吸

❶ベンチ台に肩甲骨を乗せ、上体が床に対して平行になる位置で一直線になるように保つ。このとき、両足は膝関節の角度が90度になる位置に。重心はカカトに置く。足幅は肩幅程度とする。

❷バーベルを恥骨の上に乗せ、股関節を屈曲して腰を落とす。落とす深さは殿部が床につかないぎりぎりの位置まで。バーを乗せる位置については性別や骨格の違いによって個人差があるが、恥骨の上を基準にして調整するように。腸腰筋が軸になる位置に置くのが基本。

❸股関節を伸展させ、バーベルを押し上げる。挙げる高さは上体が床と並行になる位置まで。腰は反らないようにする。以後、運動動作を必要回数繰り返す。

息を吸いながら股関節と膝関節を屈曲させ、吐きながら伸展させる。

TRAINING

BIO MECHANICS

大腿四頭筋

大殿筋

ハムストリングス

▶ワンポイント・バイオメカニクス

❶高重量を扱える種目である。大殿筋の収縮時に強い負荷をかけられる。

❷動作がシンプルでフォームを習得しやすく、お尻の筋肉の使い方を養うのにも効果的。

❸足の位置が遠すぎるとハムストリングスに刺激が逃げてしまう。足幅を広く取ると中殿筋、狭くすると大殿筋が優位に働く。

NG!

足の位置がベンチから離れすぎているNG例。両足は腰を上げたときに膝関節の角度が90度になる位置に

ゴブレットスクワット

強化される筋肉

ミドル
レンジ
種目

主動筋 ▶内転筋群、大殿筋、大腿四頭筋、ハムストリングス

補助筋 ▶下腿三頭筋、前脛骨筋

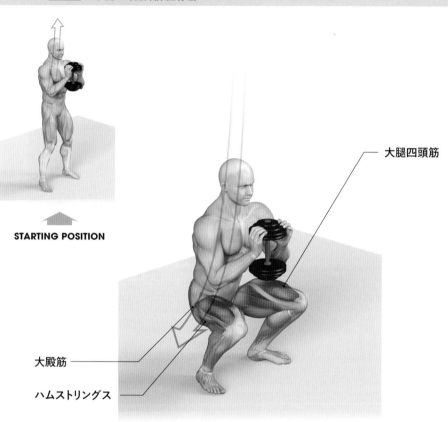

STARTING POSITION

大腿四頭筋

大殿筋

ハムストリングス

▶トレーニング方法

❶ダンベルのプレート部分に両手の指をかけて持ち、肩を下げて（肩甲骨の制下）鎖骨の位置で構える。足幅は肩幅より広く取り、つま先は自然な角度で外を向ける。

❷上体をまっすぐに保ったまま、腰を垂直方向に落としていく。お尻を引くのではなく、膝を外に向ける意識でしゃがんでいく。

❸両肘が両膝の内側にくる位置までしゃがんだら、立ち上がって元の体勢に戻る。以後、運動動作を必要回数繰り返す。動作中、膝は内側に入れないようにする。膝が内側に入りやすい種目なので注意したい。

呼吸

息を吸いながら股関節と膝関節を屈曲させ、吐きながら伸展させる。

TRAINING

大腿四頭筋

大殿筋

ハムストリングス

▶ワンポイント・バイオメカニクス

❶内転筋群に特化した種目は意外と少ないが、これは専用のマシンがなくても内転筋群を鍛えられる優れた種目である。内転筋群が弱い人はO脚になりやすい傾向にある。また、股関節の外転の役割を持つ筋肉には中殿筋、小殿筋があり、内転・外転のバランスを取るためにも内転筋群には鍛えておきたい筋群である。

❷負荷を身体の前で持つため、重心が腰椎の上ではなく身体の前にくる。そのため、腰痛がある人でも腰に負担の少ないフォームで行うことが可能。

❸「ゴブレット」とはワイングラスの意。ダンベルを持つ前腕、両手がワイングラスのような形になるためこの名がついた。

POINT

ダンベルはプレート部分を手の
ひらで支え、指をかけて持つ。

143

ヒップエクステンション

強化される筋肉

コントラクト種目

主動筋	▶大殿筋、ハムストリングス
補助筋	▶大腿四頭筋

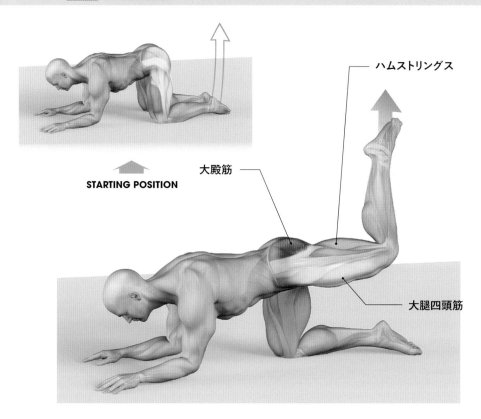

STARTING POSITION

ハムストリングス

大殿筋

大腿四頭筋

▶トレーニング方法

❶マットの上で四つん這いになり、両手、両足を肩幅程度に開く。股関節、膝関節は90度に屈曲させる。背筋をまっすぐ伸ばし、視線は下に向ける。
❷股関節を軸にして、片方の足の裏を天井に向ける。フィニッシュポジションは膝が腰の高さにくるくらいまで。
❸主動筋の収縮を感じたら、ゆっくりと元の体勢に戻す。このとき、膝はマットにつけない。浮かせた状態を保つ。以後、運動動作を必要回数繰り返す。セットを終えたら、反対側の脚も同様に実施する。

呼吸

息を吐きながら股関節を伸展させ、吸いながら屈曲させる。

TRAINING

BIO MECHANICS

ハムストリングス

大殿筋

大腿四頭筋

下腿

腹筋

トレーニングメニューの考え方と実践

応用種目

▶ワンポイント・バイオメカニクス

❶脚は振り上げない。お尻の収縮を感じながら、丁寧な動作で行う。「カカトで天井を押し上げる」イメージで行うと、お尻の収縮感を得やすい。

LEVEL UP

スタートポジションで実施する側の脚の膝を身体に近づけると、よりお尻が伸展される

❷床につけたほうの脚で骨盤を固定しているため、骨盤を安定させた状態でお尻を収縮できる。両脚を使うヒップスラストよりもお尻の収縮を感じやすい。

❸リズムは等速で。「1、2、3」で上げ、1秒止めてから「1、2、3」で下ろす。

❹負荷を高くするためにアンクルウェイトを使ってもよい。

クラムシェル

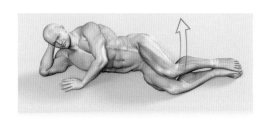

STARTING POSITION

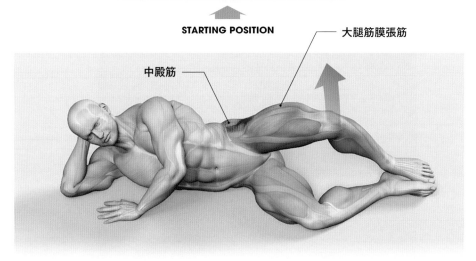

大腿筋膜張筋

中殿筋

▶トレーニング方法

呼吸

❶マットの上に横向きに寝て、膝を90度に曲げて両脚を重ねる。股関節は屈曲させるが、骨盤は立てた状態を保ち、前傾・後傾はさせない。下にきた腕は肘をマットにつけ、手で後頭部を支えて頭部を安定させる。

❷骨盤と足を支点して膝を上げていく。二枚貝（クラムシェル）が開くようなイメージで行うこと。

❸膝をゆっくりと上げ、主動筋の収縮を感じたらゆっくりと戻す。戻したときは両膝をつけない。上げる動作、下げる動作のリズムは等速で行う。以後、運動動作を必要回数繰り返す。セットを終えたら、反対側の脚も同様に実施する。

膝を上げ股関節を外転させる際に吐き、内転させる際に吸う。

TRAINING

BIO MECHANICS

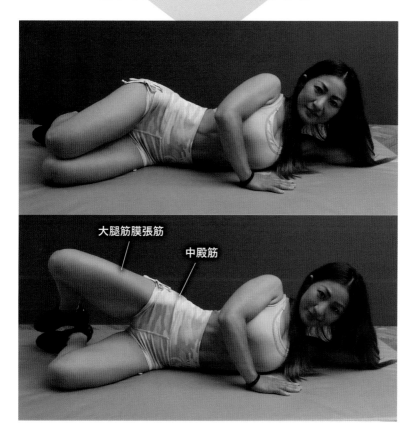

大腿筋膜張筋

中殿筋

▶ワンポイント・バイオメカニクス

❶動作中は膝を上げる側のお尻の上方部の筋肉を意識する。

❷中殿筋、大殿筋とともに深層外旋六筋群の一つである梨状筋も鍛えられる。梨状筋を刺激することで、アウターの筋肉である中殿筋、大殿筋もより刺激しやすくなる。

❸股関節周辺の筋肉を鍛える種目であるが、下半身トレーニングのメイン種目として取り入

れられることは少ない。肩のインナリング種目のエクスターナルローテーションなどのように、下半身のトレーニングのウォームアップとして採用すると故障リスクを軽減できる可能性がある。

股関節伸展位では行わない。これでは主動筋への刺激は弱くなる。両膝を前に出した股関節屈曲位で実施すること

股関節

下腿

腹筋

トレーニングメニューの考え方と実践

応用種目

ダンベルレッグカール

強化される筋肉

コントラクト種目

主動筋 ▶ **ハムストリングス、大殿筋**
補助筋 ▶ **下腿三頭筋**

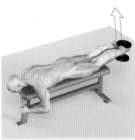

STARTING POSITION

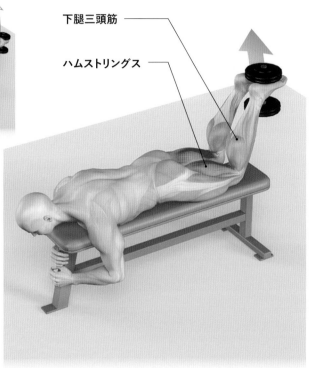

下腿三頭筋

ハムストリングス

▶トレーニング方法

❶ベンチ台にうつ伏せになり、膝より下の下腿部をベンチ台の外に出す。上体は少し背中を反らせた状態にし、股関節を伸展させる。ベンチ台を両手でしっかりとホールドし、体幹部を固定する。

❷足の裏にダンベルのプレート部分を当て、しっかりと挟む。ダンベルを床に置いた状態から1人でセッティングするのは難しいため、パートナーやトレーナーにセットしてもらうのが望ましい。

❸背中を反らせた状態を維持したまま肘関節を支点として弧を描くようにダンベルを挙げていく。膝を90度まで曲げると主動筋から負荷が抜けてしまうので、その少し手前で止める。主動筋の収縮を感じたらゆっくりと戻す。以後、運動動作を必要回数繰り返す。

呼吸
▼

ゆっくり吐きながら膝を曲げ、ゆっくり吸いながら戻す。

TRAINING

下腿三頭筋

ハムストリングス

▶ワンポイント・バイオメカニクス

❶マシンのレッグカールはコンセントリック（短縮性収縮）優位の種目であるが、これはエキセントリック（伸張性収縮）優位の種目である。下げるときにダンベルの重さで引っ張られないよう、足をしっかりと閉じてコントロールしながら行うこと。

❷コントロールが難しいため、より動作に正確性が求められる。そのためハムストリングスの動きを意識しやすい。

腰を浮かせない。少し背中を反らせて股
関節を伸展させた状態で行うこと

149

12 ケーブルキックバック

強化される筋肉

主動筋 ▶ハムストリングス、大殿筋
補助筋 ▶下腿三頭筋

STARTING POSITION

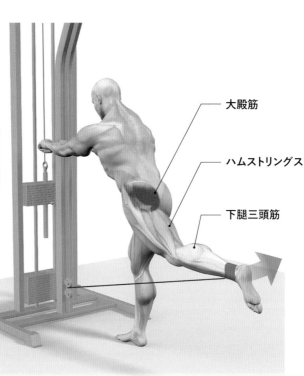

大殿筋

ハムストリングス

下腿三頭筋

▶トレーニング方法

呼吸

息を吐きながら
股関節を伸展さ
せ、吸いながら
屈曲させる。

❶ケーブルマシンの前に立ち、専用のアタッチメントを足首に装着する。背筋を伸ばし、上体を10~30度ほど前傾させてマシンを持ち、身体を安定させる。
❷上体の角度を維持したまま、アタッチメントを装着したほうの膝を上げ、殿部を伸展させる。
❸後方にキックをするイメージで、ケーブルを引きながら殿部を収縮させる。このときも上体の角度は保ったままにする。勢いをつけて脚を後方に振り上げて腰を反らさないように。大腿部が床と並行になるくらいまで膝を上げる。以後、運動動作を必要回数繰り返す。オールアウトし終えたら、反対側の脚も同様に実施する。

TRAINING

▶ワンポイント・バイオメカニクス

❶ヒップエクステンションと動作は似ているが、こちらのほうが可動域が広く、主動筋をより伸展・収縮できる。

❷ケーブルを用いることで一定の負荷を主動筋に与えられる。

❸重すぎる重量を引こうとすると主動筋以外の筋肉も動員されて、結果的にターゲットへの刺激は弱くなる。また、しっかりと伸展もできない。殿部の伸展・収縮を感じられる重量で行うこと。

VARIATION

横方向に脚を上げると中殿筋を対象にしたエクササイズになる

大殿筋
ハムストリングス
下腿三頭筋

ヘックスバーデッドリフト

強化される筋肉

ミッド
レンジ
種目

| 主動筋 | ▶ ハムストリングス、大殿筋、大腿四頭筋 |
| 補助筋 | ▶ 下腿三頭筋、前脛骨筋 |

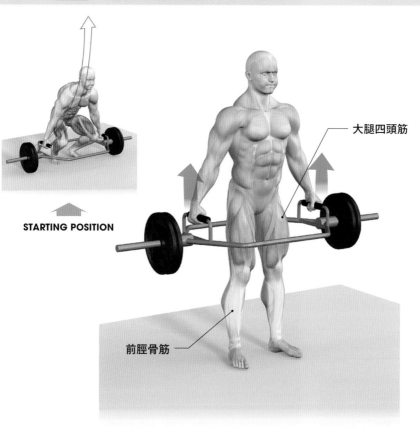

STARTING POSITION

大腿四頭筋

前脛骨筋

▶トレーニング方法

❶専用バーの中央に立つ。足幅は腰幅程度。お尻を後方に引きながら両膝を曲げ、背中をまっすぐにした状態で両腕を伸ばしてハンドルを持つ。顎は上げない。

❷お腹に力を入れて腹圧をかけ、床を足裏全体で強く押すようにして立ち上がる。このとき肩は上げない。肩甲骨下制の状態を維持する。

❸お尻を後ろに引きながら、背筋を伸ばしたまましゃがんでいく。以後、運動動作を必要回数繰り返す。

呼吸

息を吸い、引き始めでは息を止め、バーを引きながらゆっくりと吐き、吸いながら下ろしていく。

TRAINING

大腿四頭筋

前脛骨筋

▶ワンポイント・バイオメカニクス

❶ストレートバーを用いた通常のデッドリフトは負荷が身体の前面にくるが、この種目は負荷の軌道が体軸に近いラインにあるため下背部、腰椎に負担をかけず、腰を痛めるリスクを軽減できる。

❷ストレートバーのデッドリフトよりも殿部、ハムストリングスに刺激を入れやすい。

NG!

猫背にならない。これでは腹圧をかけられず、腰を痛める要因にもなる

ウォーキングランジ

強化される筋肉

主動筋	▶ハムストリングス、大殿筋、大腿四頭筋
補助筋	▶下腿三頭筋、前脛骨筋

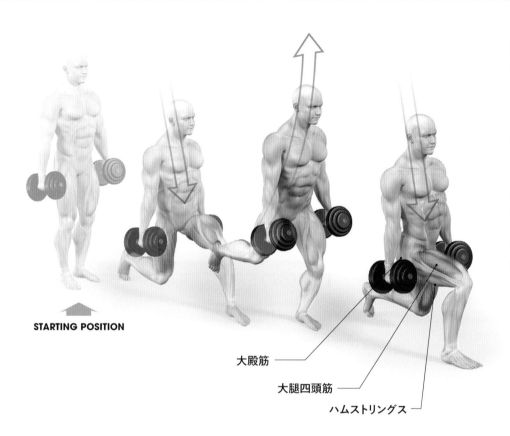

STARTING POSITION

大殿筋

大腿四頭筋

ハムストリングス

▶トレーニング方法

❶腕を身体の横に下ろし、ダンベルが前後になるように持って構える。背筋は伸ばし、まっすぐ立つ。

❷片方の脚を前に踏み出す。歩幅は肩幅程度を基本とする。大腿部が床と水平になるくらいまで腰を落とす。後ろ脚の膝は床につけない。

❸後ろ足を蹴って、前方の脚に体重をかけながら立ち上がって、大きく前に踏み込み、大腿部が床と水平になるくらいまで腰を落とす。この動作を繰り返しながら前進を続ける。

 呼吸

踏み込むときに息を吐き、立ち上がるときに吸う。

TRAINING

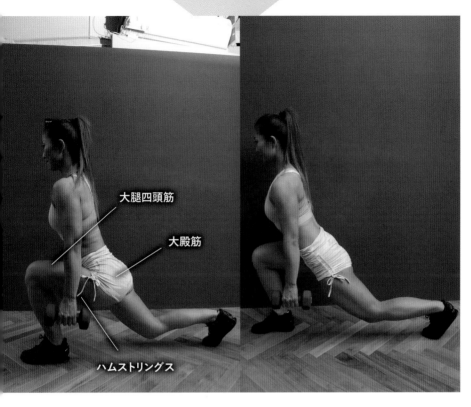

大腿四頭筋

大殿筋

ハムストリングス

▶ワンポイント・バイオメカニクス

❶膝とつま先の向きは常に同じ。まっすぐ前に向け、同一のライン上に膝とつま先がくるようにする。

❷体幹の力を要求される種目である。姿勢をまっすぐに保ち、また膝が前に出過ぎないように注意する。

❸ランジよりも可動域が広く、主動筋の伸展・収縮がしっかりとできる。また、有酸素運動的な効果も望める。

POINT

立ち上がるときは前方の脚に体重をかける。
後ろ脚に体重を残したままだと前方に進みづらいだけでなく、主動筋への刺激も弱くなる

ザーチャースクワット

強化される筋肉

主動筋 ▶大腿四頭筋、大殿筋、ハムストリングス
補助筋 ▶下腿三頭筋、前脛骨筋

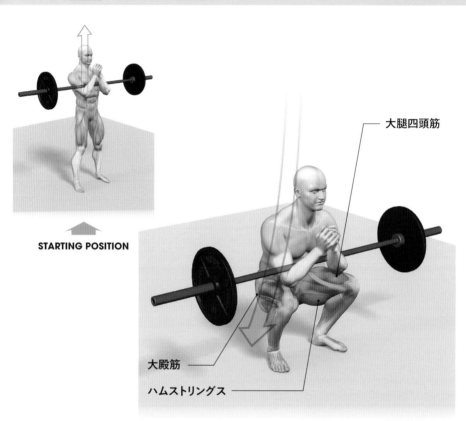

STARTING POSITION

大腿四頭筋

大殿筋

ハムストリングス

▶トレーニング方法

❶肩幅程度の足幅で立ち、背筋を伸ばした状態で両肘を身体の前に出す。脇を締めて両肘を曲げ、肘にバーベルを乗せて保持する。拳は軽く握る。
❷その姿勢からお尻を後方に引きながら股関節、膝関節を屈曲し、しゃがんでいく。大腿部が床に並行になるより少し深くしゃがんだほうが刺激は入る。
❸大腿四頭筋の伸展を感じたら立ち上がって元の体勢に戻る。以後、運動動作を必要回数繰り返す。

呼吸

息を吸いながら股関節と膝関節を屈曲させ、吐きながら伸展させる。

TRAINING

BIO MECHANICS

大腿四頭筋

下腿三頭筋

ハムストリングス

股関節

下腿

腹筋

トレーニングメニューの
考え方と実践

応用種目

▶ワンポイント・バイオメカニクス

❶腕で負荷を支えるため高重量は扱えないが、大腿四頭筋に強い刺激を与えられる種目である。

❷しゃがむ動作は通常のスクワットと同様でよい。負荷が身体の前面にあるため、普通にスクワットの動作をすれば、自然と大腿四頭筋に負荷が乗る。

❸軽い重量でも大腿四頭筋を刺激することができる。重量設定が難しいが、まずはスクワットのメインセットの3分の1程度の重量から始めてみよう。

VARIATION

バーは形状としてはEZバーが実施しやすいが、パッドを装着できないのが難点。ストレートバーでパッドを使用して行うのが望ましい

美尻は健康のバロメーター

〜お尻を鍛えることで得られるメリット〜

　筋力トレーニングで美尻になることは、見た目の変化をもたらすだけではなく健康にもたくさんのメリットがあります。殿筋は下半身の動きを司る筋肉であるため、弱化及び凝りが溜まると以下のような様々な不調をきたすようになります。

・腰痛…大殿筋、中殿筋の弱化、拘縮が起こることにより殿部の筋肉をうまく使えなくなり、その動作に関連する筋肉に大きな負担をかけてしまい、痛みを生じてしまいます。
・膝痛…中殿筋は歩行時の左右のふらつきを抑える筋肉です。これが弱化すると大腿筋膜張筋が代償動作として関わってしまい、膝に痛みを生じます。
・基礎代謝の低下…お尻の筋肉は身体の土台となる重要な大きな筋肉です。故に、この筋肉が衰えると基礎代謝が低下し、太りやすい体質になってしまいます。
・肩凝り…中殿筋は骨盤を安定させる筋肉でもあります。この筋肉をうまく使えないと姿勢が崩れたり、頸椎の筋肉が緊張して肩凝りが起こりやすくなったりします。

　このようなことからも分かるように、お尻のトレーニングは単なる見た目をよくするためだけでなく、様々な不調の改善にもつながってきます。美尻を作ることで美しいボディラインだけではなく、生きる上で健康を手にすることができるのです。美尻トレーニングは女性だけのものと思われがちですが、健康バロメーターを上げるためにも男性にも積極的に行ってほしいものです。　　　　　　　　　　　　　（豊島 悟）

©GettyImages

下腿

の筋

text by Satoru Toyoshima

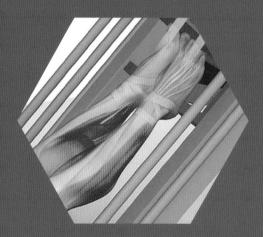

THE TRAINING ANATOMY

CHAPTER 07

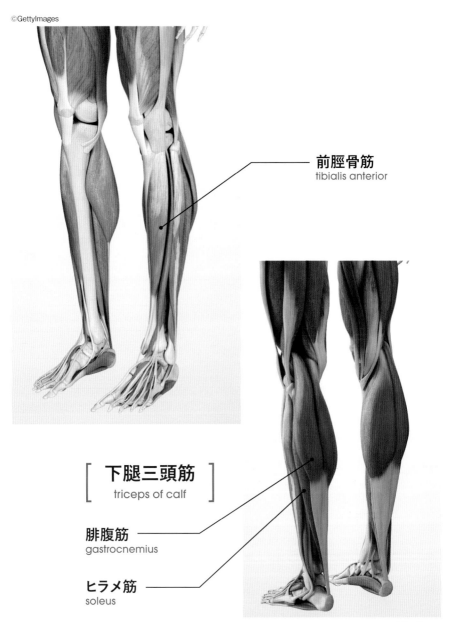

©GettyImages

前脛骨筋
tibialis anterior

[**下腿三頭筋**]
triceps of calf

腓腹筋
gastrocnemius

ヒラメ筋
soleus

©GettyImages

腓腹筋

ヒラメ筋

前脛骨筋

下腿三頭筋は
「第二の心臓」

　下腿には後ろ側にある下腿三頭筋、前側に位置する前脛骨筋などがある。下腿三頭筋は「カーフ（ふくらはぎ）」と呼ばれ、腓腹筋・ヒラメ筋で構成され、足首の伸展（底屈）を司っている。前脛骨筋はその逆の動作である足首の屈曲（背屈）を司る。

　下腿三頭筋は「第二の心臓」と言われる筋肉で、ここが拘縮すると脚のむくみや、冷え性などを引き起こしやすくなる。トレーニングや日常生活でしっかりと動かすことがそういった症状の予防につながる。また、ボディメイクの面では、鍛えられた下腿三頭筋は「締まった足首」を演出する。おろそかにしやすい部位であるが、美しいレッグラインを作る上でも重要な筋肉だ。

　前脛骨筋は足首の動きに関与するので、鍛えることでスクワット動作など、下半身のトレーニングの質の向上が見込まれる。足首が硬いと、動作の軸が崩れることもある。下半身のトレーニングをより安全に、効果的に行うためには前脛骨筋も鍛えておきたい。

カーフプレス

強化される筋肉

<table>
<tr><td rowspan="2">コントラクト
種目</td><td>主動筋</td><td>▶ヒラメ筋、腓腹筋</td></tr>
<tr><td>補助筋</td><td>▶前脛骨筋</td></tr>
</table>

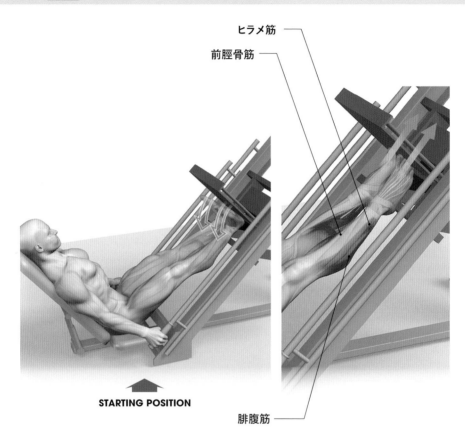

ヒラメ筋

前脛骨筋

STARTING POSITION

腓腹筋

▶トレーニング方法

呼吸

❶レッグプレスマシンのフットプレートや背もたれのシートの角度を適切な位置にセットする。両脚を揃えて膝を伸ばし、両足のつま先部分をフットプレートに乗せる。

❷膝を伸ばしたまま、つま先でフットプレートを押して足首を動かす。

❸足首は可動域いっぱい動かすようにする。主動筋をしっかりと伸ばし、しっかりと収縮させる。

つま先で押すときに息を吐き、戻すときに吸う。

TRAINING

BIO MECHANICS

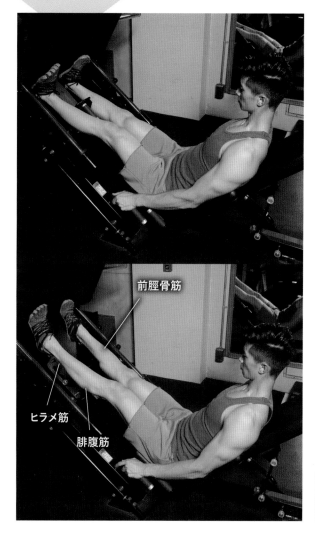

▶ワンポイント・バイオメカニクス

❶スタンディングカーフレイズのように立位の体勢で行わないため、動作に体幹部が関与しない。よって下腿部をダイレクトに刺激できる。

❷両膝を曲げると腓腹筋が緩み、伸展が弱くなる。膝はロックした状態で行う。

前脛骨筋

ヒラメ筋

腓腹筋

NG!

両膝は曲げない。膝は伸ばし切った状態、いわゆる膝関節を「ロック」した状態で行うこと

アンクルカール

強化される筋肉

コントラクト
種目

主動筋 ▶ 前脛骨筋
補助筋 ▶

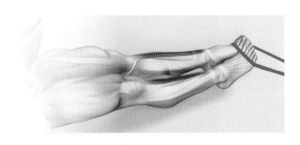

STARTING POSITION

前脛骨筋

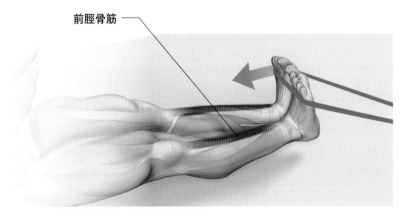

▶トレーニング方法

❶マットやイスなどに座り、両足を揃える。足の甲にチューブを引っ掛ける。丸い形状のゴムチューブだとコントロールするのが難しいため、平たいタイプのほうが望ましい。

❷ゴムチューブの端はパートナーに支持してもらう、もしくはバーなどに引っ掛けるなどして固定する。

❸足首を支点にして、つま先を脛にゆっくりと近づけ（背屈）、ゆっくりとつま先を伸ばす（底屈）。足首を可動域いっぱいに動かし、リズムは3秒、3秒の等速で行う。

呼吸
▼

足首を背屈するときに息を吸い、底屈するとき吐く。

TRAINING

BIO MECHANICS

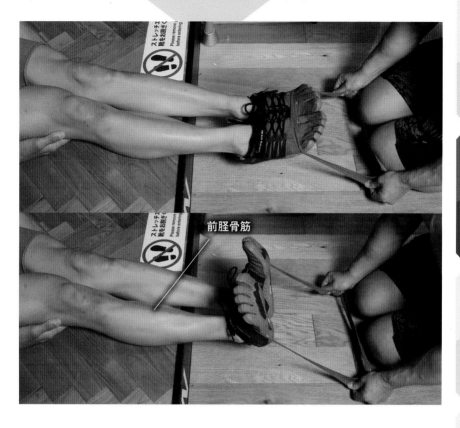

前脛骨筋

▶ワンポイント・バイオメカニクス

❶脛の部分にある前脛骨筋を鍛える種目である。10回程度しかできない負荷よりも20~30回くらいできる負荷のほうが望ましい。

❷この筋肉はヒールを履く女性は拘縮しがちである。この筋肉が拘縮すると膝の痛みを引き起こす場合がある。柔軟性を担保する上でも鍛えておきたい筋肉と言える。

❷前脛骨筋が硬い人は足首も硬い傾向にある。スクワットでしゃがみづらい人などに推奨したい種目である。

POINT

チューブは指先ではなく、足の甲に引っ掛ける。指先に引っ掛けると動作をする際にチューブが外れてしまうこともある

免疫力を上げよう！

～ポイントは自律神経のバランス～

　筋力トレーニングを行うと、ボディメイクやダイエットだけではなく、身体の代謝を上げて「免疫力」が上がることも期待できます。

「免疫力」とは？　私たちの身の周りには細菌やウイルスなどの病原体がたくさん存在しますが、これらから身体を守り、健康を維持するための防護システムです。免疫が正常に機能するには、自律神経（交感神経と副交感神経）がバランスよく働いているかがポイントになります。

　どのようなことを心掛ければ、自律神経のバランスを整えられる（免疫機能を正常に保てる）のでしょうか。それには、以下のことが挙げられます。

①身体を動かす

②バランスのいい食事をする

③快眠

④よく笑う

⑤身体を温める

⑥リラックスできる時間を作る

　ここで①と⑤に絞って考えていきます。

①身体を動かす

　運動には免疫機能を向上させる他にも、生活習慣病を予防したり、転倒を防いだり、脳を活性化させたりするなどの効果があります。

⑤身体を温める

　体温が高いとリンパ球が増えて活性化し、免疫機能が高まります。特に現代人は低体温の方が増えています。70年前の日本人の平均体温は36.8度もあったのですが、現代人はそこから0.7度も下がっているそうです。

　体温が1度上がると、免疫力が30％も上がると言われています。体内の発熱器官である「筋肉」を鍛えて、刺激を与えることも低体温改善につながるはずです。

　体温を上げるために最も効果的なことは「基礎代謝」を上げることです。筋力トレーニングを定期的に行い、習慣づけていけば、自ずと基礎代謝も上がり、体温も上がります。それはつまり、免疫力の高い身体を維持できるということでもあるのです。

（豊島　悟）

腹筋

text by Satoru Toyoshima

THE TRAINING ANATOMY

CHAPTER 08

腹筋
adominal muscles

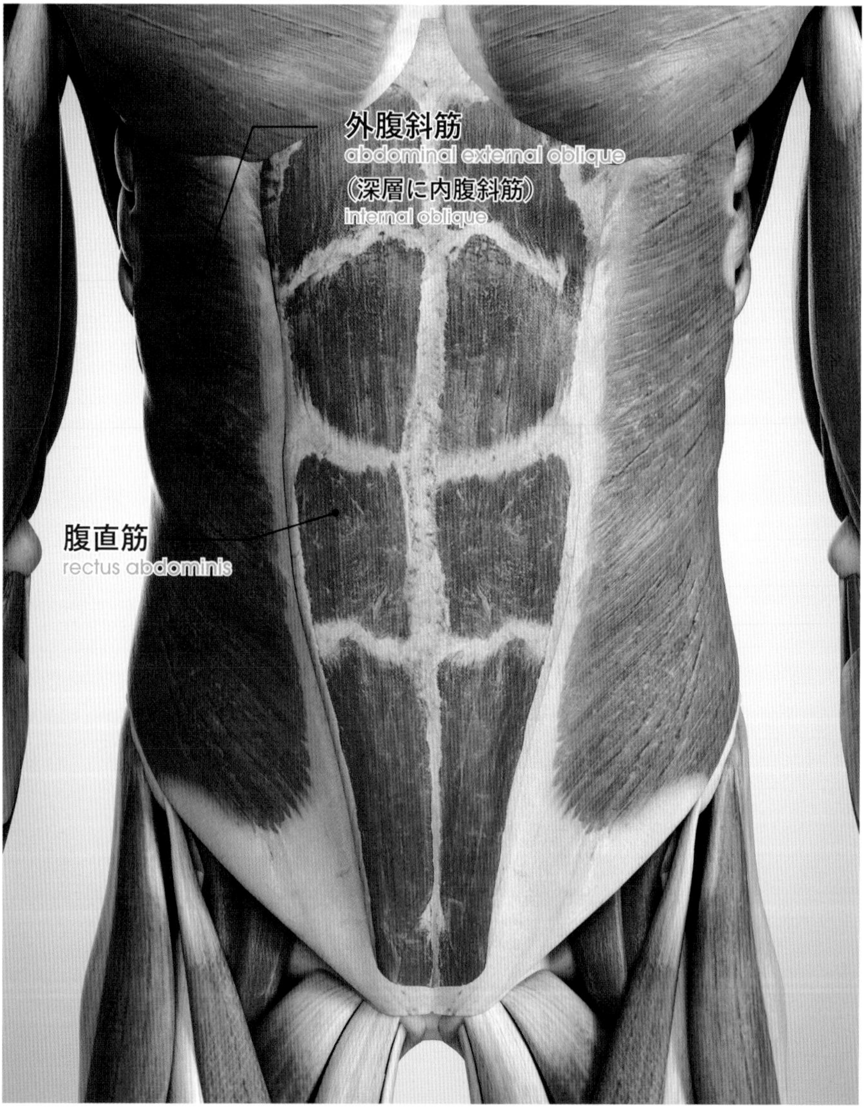

外腹斜筋
abdominal external oblique
（深層に内腹斜筋）
internal oblique

腹直筋
rectus abdominis

©GettyImages

外腹斜筋

腹直筋

身体の中央部に位置する全身の出力の要となる部位

　腹筋は身体の中央部に位置し、全身の出力の要となる部位である。ボディメイク面では、くびれのあるボディラインを形成する上で最重要な筋肉群だ。表層に腹直筋、外腹斜筋、そして深層に向かって内腹斜筋・腹横筋があり、動作としては体幹の屈曲、回旋などに関与している。腹直筋は屈曲、外腹斜筋・内腹斜筋は回旋の際に働く。

　腹直筋は縦に長い筋肉であるため、トレーニングでは上部と下部に分けて考えていったほうがよい。基本的には、上体を起こす種目は上部、脚を上げる（股関節を屈曲する）種目は下部の種目になる。トレーニングでは反動を使いやすい傾向があるので、しっかりと伸展・収縮を意識して行うようにしよう。

　また、割れた腹筋、いわゆる「シックスパック」と呼ばれる腹筋を作るには、減量が必要である。腹筋トレーニングをただひたすらに行うだけでは割れてこない。シックスパックを作りたいのならば、腹筋運動はもちろん他の部位のトレーニングを行いながら、食事を管理してダイエットも実行していただきたい。

ドラゴンフラッグ

強化される筋肉

主動筋 ▶ **腹直筋**
補助筋 ▶ **外腹斜筋、内腹斜筋**

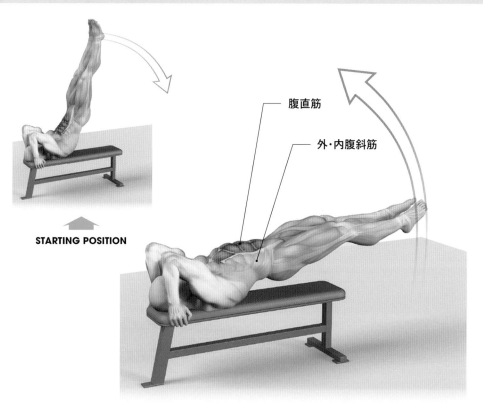

腹直筋

外・内腹斜筋

STARTING POSITION

▶トレーニング方法

❶ベンチ台に仰向けになり、両腕でベンチの端を掴み身体を安定させる。
❷脚をまっすぐに伸ばし、腹筋に力を入れて身体のラインを一直線に保ったまま肩甲骨より下の部位をベンチ台から浮かせて、垂直に立たせる。
❸腹部に力を入れたまま脚をゆっくりと下ろしていく。ベンチ台に殿部、背中はつけない。以後、運動動作を必要回数繰り返す。動作中は腹筋だけではなく、ベンチ台をしっかりと持って身体を固定しておくこと。

呼吸

動作前に息を吸い込み、動作中は止める。

TRAINING

BIO MECHANICS

腹直筋

外・内腹斜筋

▶ワンポイント・バイオメカニクス

POINT

動作中はベンチ台をしっかりと持って身体を固定する。また、
ストン！と下ろさない。脚はゆっくりと下ろしていく

❶腹直筋の上部・中部・下部全てに高負荷を
かける最強の自重トレーニングである。ブ
ルース・リーが実践していたトレーニング
方法として有名。

❷腹部に力を入れ続けて行うため腰に無駄
な負荷がかかることがない。

❸難易度はかなり高い。脚を上げるときの
負荷はそれほど高くはないが、下げるとき
に大きな負荷がかかる。次項で紹介するア
ブローラー同様、伸展時に強い負荷がかか
る。

アブローラー

強化される筋肉

主動筋 ▶腹直筋
補助筋 ▶外腹斜筋、内腹斜筋、広背筋

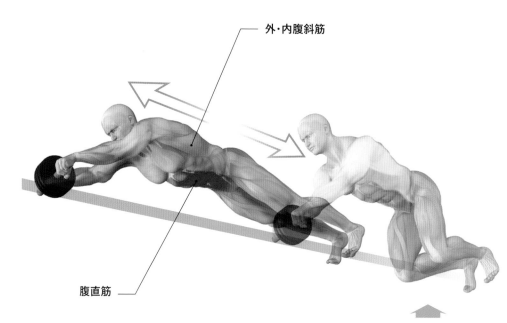

外・内腹斜筋

腹直筋

STARTING POSITION

▶トレーニング方法

❶マットに両膝をつけ、肘を伸ばした状態で専用のローラーのグリップを両手でしっかり持つ。背筋を伸ばして構える。
❷膝を支点にして、前方にローラーを転がしながら身体をゆっくりと伸ばしていく。
❸最大限に伸ばしたら、元の軌道を通ってスタートの体勢に戻る。戻るときも勢いは使わず、ゆっくりとした動作で行うこと。以後、運動動作を必要回数繰り返す。

呼吸

ローラーを押すときに吸い、戻すときに吐く。

TRAINING

BIO MECHANICS

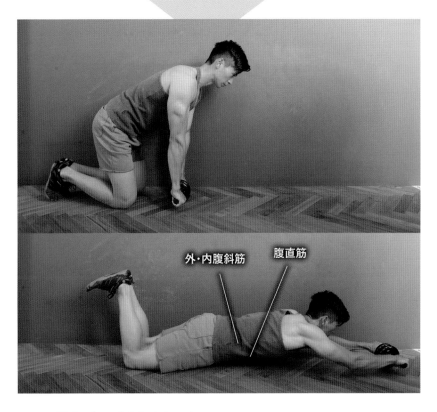

外・内腹斜筋　腹直筋

▶ワンポイント・バイオメカニクス

❶腹筋のエクササイズの多くは収縮時に負荷がかかるが、これは伸展時に強烈な負荷がかかるのが特徴である。

❷重要なのは「動作を行う」ことではなく「主動筋に効かせる」ことである。動作を行いたいがためにスピードを上げないよう注意したい。

❸背中を反らせると腰に負担がかかり腰痛の原因になることがある。背筋はまっすぐ、もしくは少し猫背になるくらいがよい。

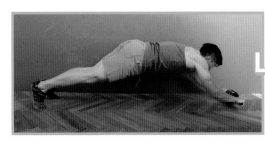

LEVEL UP

膝を床につけずに行うと難易度が上がる。動作に慣れてきたら、床から膝を離してやってみよう

股関節

下腿

腹筋

トレーニングメニューの考え方と実践

応用種目

173

ウェイテッドスタビラティー・ボールクランチ

強化される筋肉

コントラクト 種目

主動筋 ▶**腹直筋**

補助筋 ▶**外腹斜筋、内腹斜筋**

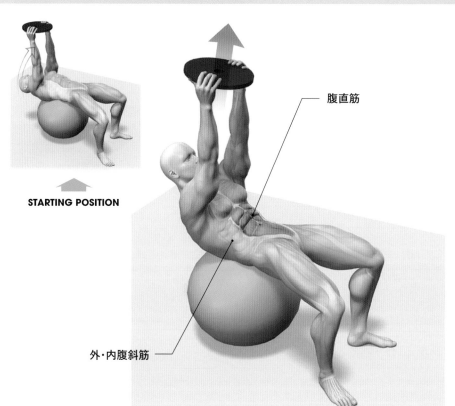

STARTING POSITION

腹直筋

外・内腹斜筋

▶トレーニング方法

❶バランスボールの上に仰向けになる。足幅は肩幅くらい。身体を安定させるために広めのスタンスを取る。膝の角度は90度ほど。

❷完全にボールに身体を預け、曲面に沿って腹直筋をストレッチさせる。両腕を天井に向けて伸ばし、ダンベル（もしくはバーベルプレート）を持って構える。

❸ダンベルを真上に押し上げる。天井を押すようにして、腹筋上部を収縮させる。収縮を感じたら、ゆっくりと戻す。以後、運動動作を必要回数繰り返す。

呼吸

ダンベルを押すときに吐き、下ろすときに吸う。

TRAINING

BIO MECHANICS

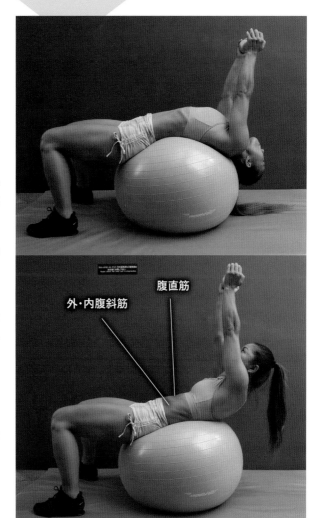

腹直筋

外・内腹斜筋

▶ワンポイント・バイオメカニクス

❶床やベンチ台の上では腹直筋を十分にストレッチさせることはできないが、ボールの曲面に沿って身体を伸ばし腹直筋をストレッチできるのがこの種目の利点である。

❷主動筋である腹直筋上部に的確に刺激を入れられる。なおかつ、ボールを用いることで、身体を安定させるためにインナーマッスルも動員される。

❸腰に負担がかからない。腰痛持ちでクランチなどができない人にも推奨できる。

NG!

ボールに乗る位置にも注意。肩～肩甲骨をボールに乗せて腰が落ちた状態では腹直筋を十分にストレッチできない

クロスクランチ

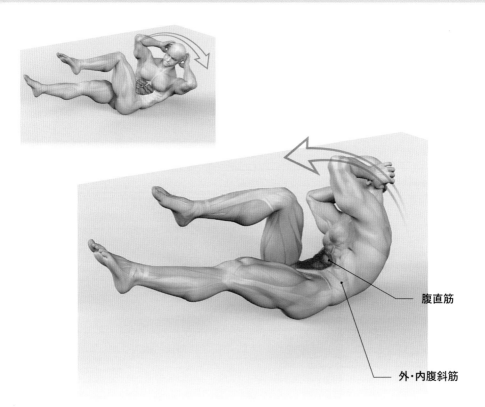

腹直筋

外・内腹斜筋

▶トレーニング方法

❶マットに仰向けになり、股関節を90度、膝関節を90度に屈曲させる。
後頭部で両手を組む。
❷身体を捻りながら対角線上の膝と肘を近づける。右膝には左肘を、左膝
には右肘を近づけるようにする。
❸ゆっくりとしたリズムでは実施するのが難しい。左右交互にリズミカル
の動作を繰り返す。

呼吸

主動筋を収縮させたと
きに吐き、伸展させる
ときに吸う。

TRAINING

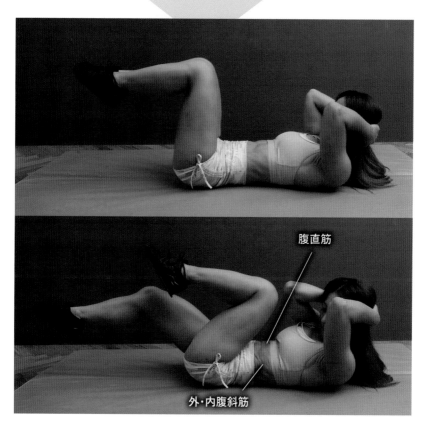

腹直筋

外・内腹斜筋

▶ワンポイント・バイオメカニクス

❶腹直筋だけでなく脇腹に位置する外腹斜筋・内腹斜筋、さらには股関節のインナーマッスルである腸腰筋も鍛えられる。腸腰筋は下半身と上半身をつなぐ重要なインナーマッスルであり、ここを鍛えることで骨盤帯の動きが向上する。また、腸腰筋が拘縮している人は前傾位になりがちである。腸腰筋のトレーニングは腰痛防止にも適している。
❷「肘を引き付ける」ではなく「膝を肘に近づける」というイメージで行う。

POINT

「上体を起こして肘を膝に近づける」という意識では動作をしづらい。「膝を肘に近づける」意識でリズミカルに行うこと

ニートゥチェスト

強化される筋肉

コントラクト
種目　主動筋 ▶腹直筋、腸腰筋

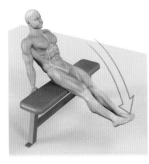

STARTING POSITION

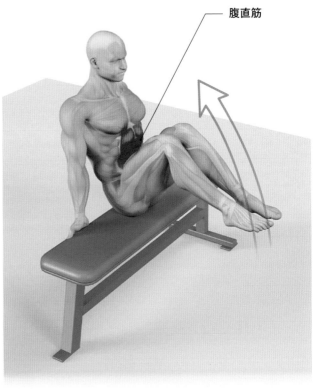

腹直筋

▶トレーニング方法

❶マットやベンチ台などに座り、両手を後方に置いて身体を安定させる。両脚は揃えて前方に伸ばし、膝を軽く曲げる。

❷腹筋下部を意識して、膝を胸に引き寄せる。

❸戻すときは足先を意識して、足を遠くに持っていくイメージで戻す。つま先から力を抜くと、大腿四頭筋などを使いがちになるので注意。以後、運動動作を必要回数繰り返す。

呼吸
▼

膝を引き寄せるときに吸い、息を吐きながら戻す。

TRAINING

腹直筋

股関節

下腿

腹筋

トレーニングメニューの
考え方と実践

応用種目

▶ワンポイント・バイオメカニクス

NG!

左上の写真と比べ、足が
近いNG例。足先の意識
が重要で、戻すときは足
を遠くに持っていくイ
メージで行うこと

❶腹直筋でも特に下部を鍛えるのに適し
た種目である。また、腸腰筋を鍛えるこ
とも可能な種目である。

❷身体を後方に倒し過ぎると、腹筋では
なく腰で支えることになる。腰痛持ちの
人は注意したい。

バランスボール・レッグレイズ

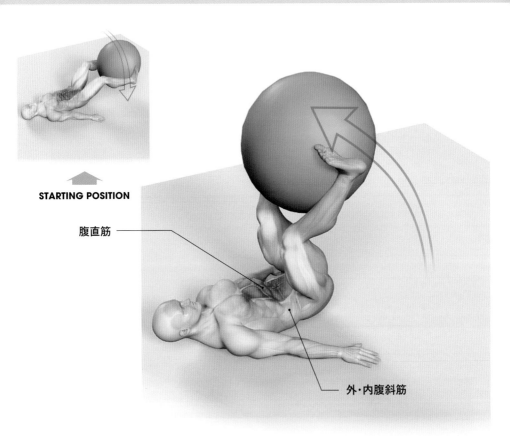

STARTING POSITION

腹直筋

外・内腹斜筋

▶トレーニング方法

❶マットに仰向けに寝て、両腕を横に開き身体を安定させる。両足の間に
バランスボールを挟む。両膝は適度に曲げておく。
❷股関節を90度になるまで屈曲させる。この間もバランスボールは挟ん
だままにする。
❸主動筋の収縮を感じたら、ゆっくと元の体勢に戻す。以後、運動動作を
必要回数繰り返す。

呼吸

吐きながら両脚を上
げ、戻しながら吸う。

TRAINING

BIO MECHANICS

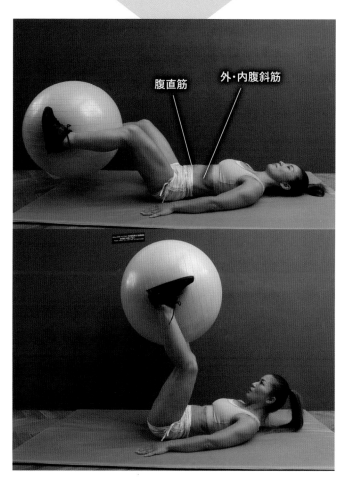

腹直筋　外・内腹斜筋

▶ワンポイント・バイオメカニクス

LEVEL UP

胸の前で組むと難易度が高くなる。動作に慣れてきたら、このフォームで行ってみよう

❶腹直筋の中でも特に下部を刺激できる種目である。レッグレイズで負荷を高めるためにダンベルを挟んで実施するのは難しいが、この種目ではバランスボールが負荷になる。
❷直径が大きなボールを使うことで下腹部を軸にして腹筋全体を刺激できる。腹筋全体がバランスよく使われる。
❸下ろすときに遠心力が働き、それに耐えようとするためエキセントリックでの刺激もレッグレイズより強くなる。

ハンギングレッグレイズ

強化される筋肉

コントラクト種目

主動筋	▶腹直筋、腸腰筋
補助筋	▶外腹斜筋、内腹斜筋

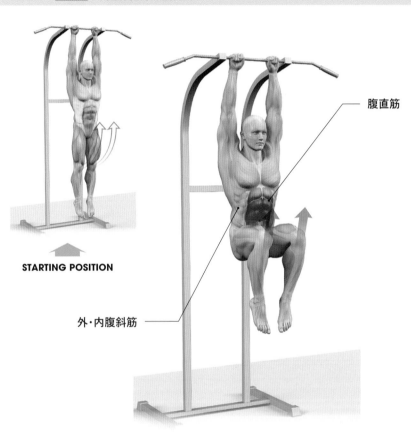

腹直筋

STARTING POSITION

外・内腹斜筋

▶トレーニング方法

呼吸
▼

❶パワーラックやチンニングバーなどを両手で掴み、ぶらさがる。身体は垂直に下ろす。

❷股関節を屈曲して大腿部をスピーディーに上げる。

❸股関節の角度が90度となるまで上げたら一瞬静止し、そこからゆっくりと戻していく。動作中、両脚は揃えたままにする。以後、運動動作を必要回数繰り返す。

吐きながら両脚を上げ、戻しながら吸う。

TRAINING

BIO MECHANICS

腹直筋

外・内腹斜筋

▶ワンポイント・バイオメカニクス

❶腹直筋下部を刺激できる種目である。上半身（特に腕）には力を入れ過ぎない。また、お尻を上げて反動を使わない。

❷負荷が高い種目である。まずは膝を曲げた状態で行い、慣れてきたら膝を伸ばすといった段階を踏むとよい。

❸上級者向けのバリエーションとしては、膝を伸ばして実施し、上げられなくなったら膝を曲げて複数回繰り返して追い込むといった方法もある。

LEVEL UP

膝を伸ばした状態で行うと難易度が上がる。両脚を床と平行になるまで持ち上げる

プランクヒップツイスト

強化される筋肉

ストレッチ種目

主動筋 ▶腹直筋、外腹斜筋、内腹斜筋
補助筋 ▶脊柱起立筋群

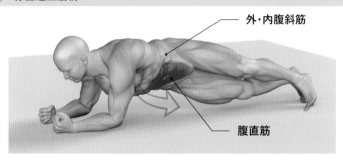

外・内腹斜筋

腹直筋

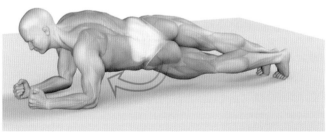

▶トレーニング方法

呼吸

❶マットの上に両肘をつきプランクの体勢を取る。肩関節、肘関節の角度は90度。両脚はしっかりと伸ばし、つま先をつけ、身体を一直線に保つ。

❷腰を捻り、骨盤を左右に振る。「腰を動かす」ではなく「骨盤を振る」というイメージで行う。

❸動作中、腰を上げたり下げたりしない。身体に一本の軸が通っていることをイメージし、その軸を中心にして振るように。動作はリズミカルに行うこと。

動作中は呼吸は止めない。リズムに合わせて呼吸をする。

TRAINING

外・内腹斜筋

腹直筋

▶ワンポイント・バイオメカニクス

❶見た目以上に難易度が高い種目である。アウターの筋肉だけではなく、身体のバランスを保つためインナーマッスルも動員される。体幹部やバランス能力も養われる。

❷リズミカルに行うが、勢いは使わない。動作は丁寧に行う。

NG!

動作中、腰を上げない。
身体を一直線に保った
状態で行うこと

ロシアンツイスト

強化される筋肉

コントラクト種目　主動筋 ▶外腹斜筋、内腹斜筋、腹直筋

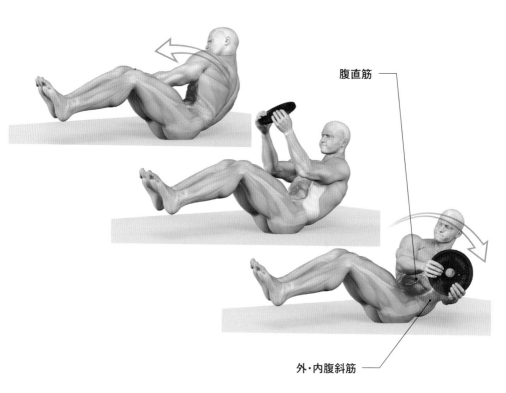

腹直筋

外・内腹斜筋

▶トレーニング方法

❶マットの上に仰向けになり、上体を起こして股関節、膝関節を90度に屈曲する。

❷上体を起こしたまま両手でダンベルなどの負荷を持つ。負荷は身体の近くで保持したほうが動作は安定する。

❸左右にツイストする。限界まで捻り、可能な限り主動筋を収縮させる。下半身は動かさない。

呼吸

動作中は呼吸は止めない。リズムに合わせて呼吸をする。

TRAINING

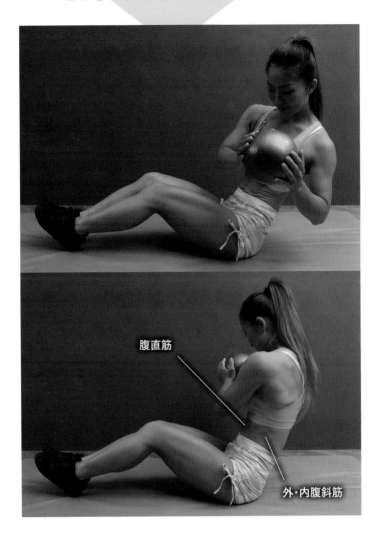

腹直筋

外・内腹斜筋

LEVEL UP

▶ワンポイント・バイオメカニクス

❶腹部でも特に外腹斜筋、内腹斜筋をターゲットにした種目である。ウエストを細くしたい人、くびれを作りたい人などに推奨できる。
❷負荷は往復20回程度ができる重量を選択する。

両足を浮かせると難易度が高くなる。20回くらいできるようになったら足を離して実施してみよう

股関節

下腿

腹筋

トレーニングメニューの
考え方と実践

応用種目

第8章 ▶ 腹筋

ロータリートルソー

強化される筋肉

コントラクト種目

主動筋 ▶外腹斜筋、内腹斜筋
補助筋 ▶腹直筋

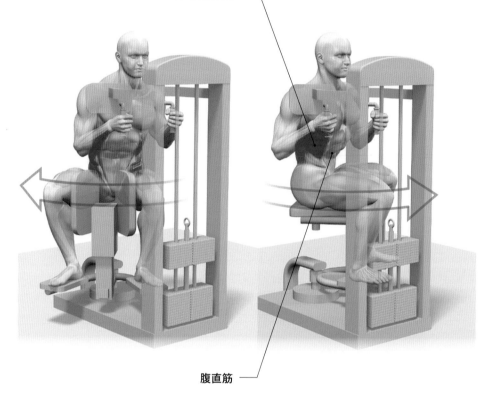

外・内腹斜筋

腹直筋

▶トレーニング方法

呼吸
▼
息を吐きながら身体を捻り、吸いながら戻す。

❶専用のマシンに両脚を揃えて座る。胸に当てるパッドの高さを調整し、しっかりと身体が安定する位置にセットする。一般的には肩のあたりにくるのが望ましい。

❷両手でハンドルを持ち、上半身をパッドで安定させたまま、身体を捻っていく。

❸戻すときは勢いよく戻さず、ウエイトの負荷を感じながらゆっくりと戻す。

TRAINING

外・内腹斜筋

腹直筋

▶ワンポイント・バイオメカニクス

❶マシンによっては上半身を捻るタイプのものもある。その場合は下半身を固定して、軸を保ったまま上半身を捻っていく。

❷ロシアンツイスト同様、外腹斜筋、内腹斜筋を主に鍛える種目である。負荷を調整できるため、ロシアンツイストの実施が難しい人は、まずはこの種目から行ってみよう。

POINT

パッドは肩のあたりに設定する。上半身が安定する位置にセットすること

アブワイパー

強化される筋肉

コントラクト種目

主動筋 ▶**外腹斜筋、内腹斜筋、腹直筋**
補助筋 ▶**腸腰筋**

腹直筋

外・内腹斜筋

▶トレーニング方法

❶パワーラックやチンニングバーなどを両手で掴み、ぶら下がる。両足を揃えて真上に移動させ、足の裏が天井を向くようにする。
❷そのまま上半身を固定し、自動車のワイパーのように左右に脚を振る。
❸動作中、両脚は床に対してできるだけ垂直な位置を保つ。つま先が天井に向いていることを意識する。リズムはゆっくりのほうが望ましい。また、上半身（特に腕）には力を入れ過ぎないようにする。

呼吸

動作中は呼吸は止めない。リズムに合わせて呼吸をする。

TRAINING

BIO MECHANICS

腹直筋

外・内腹斜筋

▶ワンポイント・バイオメカニクス

❶非常に難易度が高い上級者向けの種目である。外腹斜筋、内腹斜筋、腹直筋などお腹周りの多くの筋肉が動員され、さらには上半身の筋力も要求される。

❷反動を使うと捻る際に身体が勢いで持って行かれて危険。また、捻ったときに力を抜くと腰痛の原因にもなりかねない。勢いは使わず、丁寧な動作で行う。

❸身体を保持するためパワーグリップなどを使うことが推奨される。

POINT

スタートポジションでは足裏が天井を向くようにする。また、安全面を考慮してパワーグリップなど握力をサポートするギアを使うのが望ましい

股関節

下腿

腹筋

トレーニングメニューの考え方と実践

応用種目

「続ける」だけで人生が変わる

～トレーニングが秘める未知の可能性～

　体育館のトレーニング室に通い詰めるようになって1年ほど経ったころです。そこでは茨城県大会で優勝したボディビルダーの方もトレーニングをされていました。私は初めて見るボディビルダーの身体に衝撃を受け、人間はトレーニングでここまで変われるものなんだと思いました。その方の勧めもあり、私は翌年の茨城県大会で22歳でコンテストデビューを果たしました。

　そこからさらにトレーニングに夢中になり、身体作りに情熱を注ぎ込んでいきます。その中では、トレーニングだけではなく食事や休養の重要さも学びました。当時は熱心にトレーニングを行う人は社会ではマイノリティーな存在で、周りからは「なんでそんなことやっているの？」と言われたものです。メディアでも筋トレの有用性が報道されることはほとんどなく、「高齢者がトレーニングをすると血圧が上がってしまう」などマイナス面が叫ばれていた時代でした。

　しかし、実際はこのコラムでも触れてきた通り、トレーニングには様々なメリットがあります。正しいトレーニングを実施すれば、心身にマイナスな面はほぼありません。実際に、私もアラフィフと呼ばれる年齢に差し掛かってきましたが、毎日快適に、若々しく過ごせています。これは、トレーニングを継続してきた結果だと思います。若いころは「将来、元気でいたいから」なんてことは考えていませんでした。ただ、身体を作りたいから、トレーニングが好きだから、続けていただけです。その結果として、今の私があります。トレーニングと出会えていなければ、もっとくたびれた人生を送っていたかもしれません。今ではトレーニングのない生活なんて考えられません。私は自分でも気が付かないうちに、人生を豊かにするメソッドと出会っていたのです。
「もっと重たいベンチプレスを挙げたい」「腕をあと1cm太くしたい」といったことを目標にしながら取り組んできたトレーニングに、私は人生を変えてもらいました。また、パーソナルトレーナーという職業に就き、お客様の体型や体調が変わっていったり、筋トレが日常化していったりする姿を目の当たりにして、トレーニングの素晴らしさを改めて実感するようになりました。

　トレーニングが秘めている可能性は、未知のものがまだまだたくさんあります。膝が痛い、腰が痛い…などの症状も正しいトレーニングを実施することで改善が見込めます。「人生100年時代」と言われる現在、「トレーニング」が果たすべき社会的な役割は今後ますます大きくなっていくはずです。

（豊島 悟）

第9章

トレーニングメニューの考え方と実践

text by Satoru Toyoshima

THE TRAINING ANATOMY

CHAPTER 09

トレーニングの進め方について

「分割法」を取り入れる

　ここでは実際のトレーニングメニューの組み方について解説していく。トレーニングには「分割法」という考え方がある。例えば「胸と上腕三頭筋」「背中と上腕二頭筋」など、全身の筋肉をいくつかに分割してトレーニングを進めていく方法だ。最初の１～２カ月の間は１回のトレーニングで全身を鍛えるメニューでもよいが、週３回以上ジムなどに通いトレーニングが日常化している多くの人は、この「分割法」を取り入れている。

　分割の考え方としては、まずは大筋群、すなわち胸、脚、背中から先にトレーニングを行うようにする。例えば胸の種目であるベンチプレスでは、補助筋として上腕三頭筋などの小筋群も動員される。上腕三頭筋→胸という順番でトレーニングを行うと、胸のトレーニングを行う際には胸よりも先に上腕三頭筋が疲弊してしまい、十分な刺激を胸に与えられなくなってしまう。

　また、自分が最も鍛えたい部位を最初にトレーニングする。これは筋優先法と呼ばれる方法で、特に鍛えたい部位は、まだ体力を温存しているフレッシュな状態のうちにトレーニングするのである。トレーニングではレップとセットを重ねていくにつれて体力を消耗していく。優先的に鍛えたい部位、発達が遅れていると感じる部位があれば、それらの部位を先にトレーニングしよう。

　部位の分け方には、「プッシュ・プル法」というオーソドックスなメソッドがある。これは、押す動作（プッシュ系種目）、引く動作（プル系種目）に分けて行う方法である。具体的に言えば、胸の種目のベンチプレス、ダンベルプレス、上腕三頭筋の種目のプッシュダウン、トライセップスエクステンションなどは「押す動作」、背中の種目のラットプルダウンやダンベルロウイング、上腕二頭筋の種目のバーベルカールやダンベルカールなどは「引く動作」になる。

　すなわち、「胸」「上腕三頭筋」「肩」などはプッシュ系、「背中」「上腕二頭筋」などはプル系となり、分割ではそれらの部位を組みわせていく。例えば、３分割では「胸＋上腕三頭筋」「脚＋肩」「背中＋上腕二頭筋」などのパターンがある。

筋肥大効果が高い「POF」法

　種目に関しては、まずはベースとして高重量を扱えるコンパウンド種目（多関節種目）、そして補助的な種目であるアイソレーション種目（単関節種目）を組み入れていく。また、多くのボディビル選手、フィットネス選手、トレーニング上級者が取り入れている方法に「POF法」というものがあり、筋肥大効果が高いと言われるメソッドでもあるため、本書でも推奨したい。

　「POF」とは「ポイント・オブ・フラクション」の略であり、関節の可動域をミッドレンジ、コントラクト（収縮）、ストレッチ（伸展）の３つに分け、それぞれの関節角度で最も大きな負荷がかかる種目をセレクトして組み合わせる方法だ。胸の種目では、動作の中盤で大きな負荷がかかるベンチプレスはミッドレンジ種目、フィニッシュポジションでの負荷が強いペックフライはコントラクト種目、大胸筋を伸展させたときの負荷が強いダンベルフライはストレッチ種目になる。行う順番は扱える重量が高い順、すなわちミッドレンジ種目→ストレッチ種目→コントラクト種目の順が望ましい。この３つのレンジの種目を取り入れることで、対象筋を全可動域において刺激でき、オールアウトできるわけである。

なりたい身体になるためのトレーニング

　この章では、モデルプログラムとしてボディコンテストの公式競技である「ボディビル」「メンズフィジーク」「ビキニフィットネス」、それぞれの選手のような肉体を目指す上での見本となるトレーニングメニューを紹介する。「ボディビル」は全身の筋肉の発達と極限まで体脂肪をそぎ落とすことが求める究極の肉体競技。メンズフィジークは男性の筋肉美、ビキニフィットネスは鍛えた女性の肉体の美しさを審査する競技である。どれもシリアスにトレーニングを行わないことには勝てない競技であるが、評価ポイントが異なるため、それぞれの競技特性を理解した上でトレーニングを進めていく必要がある。

　実際には、そうした競技で活躍している選手たちは、４分割、５分割など細かく分割し、週に５、６回の頻度でトレーニングをしている人がほとんどである。しかし、仕事や家庭などとの両方、また疲労や回復の面を考慮すれば、ジムに通うのは週に３回程度、トレーニング時間は１時間から１時間半というのが"入り口"としては現実的なラインであろう。ここでは週３回のトレーニングで全身を鍛えるプログラム、つまり３分割でのメニューを解説していく。あくまで"モデルプログラム"ではあるが、なりたい身体になるためのトレーニングの進め方を考える上での参考にしていただきたい。

TOPIC | **02** | **Bodybuilding**

モデルプログラム：ボディビル

DAY 1

部位	種目	レップ数	セット数
胸	ベンチプレス	6~12	3~4
	インクライン・ダンベルプレス	8~12	2~3
	インクライン・ダンベルフライ	8~12	2~3
	ダンベル・プルオーバー	8~15	2~3
	ケーブルクロスオーバー（大胸筋上部&大胸筋下部）	12~20	4
肩	バックプレス	6~8	2~3
	ワンハンド・ショルダープレス	6~8	2~3
	アーノルドプレス	8~15	2~3
	ダンベル・アップライトロウイング	8~12	2~3
	サイドレイズ	12~20	2~3
	リアレイズ	8~12	2~3
	リアデルトフライ	12~20	2~3
上腕三頭筋	ライイング・トライセップスエクステンション	6~8	2~3
	スミスマシン・ナローグリップベンチプレス	8~12	2~3
	ワンハンド・ケーブルエクステンション	10~15	2~3

※腹筋はクランチもしくはシットアップを各20回2~3セット、
レッグレイズを20回2~3セット。これを週2回。

オーソドックスなコンパウンド種目をメインにバルクアップを

　まずはボディビルダーのような身体を目指したい人に向けたトレーニングメニューから紹介する。ボディビルダーには全身の筋肉の発達が求められる。肩は優先的に鍛えたほうがいい、背中は厚みよりも広がりを重視したほうがいい、ということはない。優先すべき筋肉は、全てである。全身の筋肉をバランスよく鍛えていく必要がある。

196

部位	種目	レップ数	セット数
脚	バーベルスクワット	8~12	3~4
	レッグプレス	8~12	3~4
	スミスマシン・ハックスクワット	8~15	2~3
	ブルガリアンスクワット	8~15	2~3
	レッグエクステンション	12~20	2~3
	レッグカール	12~20	2~3
	スタンディング・カーフレイズ	12~20	2~3
	カーフプレス	12~20	2~3
	シーテッドカーフレイズ	12~20	2~3

DAY 3

部位	種目	レップ数	セット数
背中	デッドリフト	8~12	3~4
	ベントオーバーロウイング	8~12	3~4
	フロント・ラットプルダウン	8~15	3~4
	ビハインドネック・プルダウン	8~15	2~3
	Tバーロウイング	8~15	2~3
	ダンベルシュラッグ	15~20	2~3
上腕二頭筋	バーベルカール	6~8	2~3
	ハンマーカール	8~15	2~3
	インクラインカール	8~15	2~3

　ただし、トレーニングに割ける時間と体力には限りがある。全ての筋肉を鍛えるにしても、その中でも優先順位をつけて考えていかなくてはならない。トレーニング頻度が週3回となると、やはり最初に行うべき部位は大筋群の「胸」「脚」「背中」となる。そこに、「プッシュ・プル」をベースに、小筋群を組み合わせていく。ボディビルダーは全身を鍛えなければならないが、中でも重要となるのは「脚」。なので「脚」は単独でトレーニングをしたいところである。そうなると、DAY 1は「プッシュ」の日として「胸+肩+上腕三頭筋」、DAY2は「脚」、DAY 3は「プル」の日として「背中+上腕二頭筋」という分け方となる。種目は、ボディ

02 モデルプログラム：ボディビル

ビルダーを目指すならば、多くの筋肉を動員できるオーソドックスなコンパウンド種目をメインにバルクアップを目指すべきだろう。

　胸の「オーソドックスなコンパウンド種目」の代表格と言えば、やはりベンチプレスである。ここではある程度重たい重量を扱いたいので、レップ数は6から12回とする。

　ちなみに、ここで言う「6回から12回」というのは、それだけの回数を挙げればいいというわけではない。筋肉は数字を数えられない。「6回から12回」という数字ではなく、与えられた刺激に対して反応するのである。つまり、「6回から12回」というのは、それだけの回数がぎりぎり挙げられるだけの重量を扱う、という意味。本当は20回できるのに12回でやめてしまった、というのでは大きな効果は望めない。セット数に関しても同様で、「2〜3」セットと設定されている場合は、そのセット数で力を出し切るようにする。ダラダラと時間をかけて追い込むのではなく、できるだけ短時間で、集中して追い込む感覚を養うことも大切だ。

　次に大胸筋上部の種目として、インクラインのダンベルプレス、ダンベルフライを行う。トレーニング時間が90分以内に収まらない場合はどちらか1種目、時間に余裕がある場合は両方を取り入れよう。続いてコントラクト種目のペックフライ、そして胸郭を広げるためにダンベル・プルオーバーを取り入れる。プルオーバーは決して人気のある種目ではないが、小胸筋や大胸筋下部を鍛えられる優秀なストレッチ種目だ。肩関節の柔軟性にも寄与するので、高重量を扱うボディビルダーにはぜひ実践してほしい種目である。

　最後は大胸筋上部狙い、下部狙いのケーブルクロスオーバー。これをそれぞれ高回数行い、胸をパンパンにパンプさせるまで追い込む。その部位の最後のトレーニングで、主動筋を動かせなくなるくらいまでアイソレーション種目を高回数行う。この行為をトレーニング愛好家は「仕上げる」と呼ぶ。ここでは、胸の仕上げ種目としてケーブルクロスオーバー2種類を2セットずつの、計4セット。時間的に2種類の実施が難しい場合は、上部か下部か、自分が弱点だと感じるほうを2セットでもいいだろう。

　肩は高重量を扱えるバックプレスを第1種目とする。次はワンハンド・ショルダープレスかアーノルドプレスを。時間に余裕があるのなら、どちらも行う。そ

写真中央が筆者。ボディビルでは全身の筋肉の発達が求められ、
特に脚は最も重要とされている部位である

の場合は、高重量を扱えるワンハンド・ショルダープレスを先に行おう。

　次は肩のサイド部分の種目であるアップライトロウイングとサイドレイズを。時間がない場合はどちらか1種目でも構わないが、両方を実施する際はコンパウンド種目のアップライトロウイングを先に持ってくる。三角筋後部にはリアレイズを行い、そしてリアデルトフライで仕上げるようにする。最後には上腕三頭筋の種目を行って、この日は締めとする。

脚の筋肉はボディビルダーの象徴

　DAY2は、ボディビルダーにとって最重要部位と言える脚のみのトレーニングとする。脚の筋肉の発達はボディビルダーの評価を大きく左右し、またしっかりとトレーニングを行っている人とそうでない人の差が出やすい部位でもある。発達した脚の筋肉はボディビルダーの象徴とも言えるので、時間を割いてトレーニングをしておきたい。

　体力のある序盤はコンパウンド種目で高重量を扱っていこう。バーベルスク

02 モデルプログラム：ボディビル

背中は「厚み」と「広がり」がともに大切。
下半身は殿部、ハムストリングスもしっかりと鍛えておく必要がある

ワット、レッグプレスで脚全体に刺激を入れ、次にスミスマシン・ハックスクワットで大腿四頭筋を攻めていく。殿部とハムストリングスの種目としては、ストレッチでの刺激が強いブルガリアンスクワットを。続いてはアイソレーション種目のレッグエクステンション、レッグカールでコンセントリックの刺激を入れて仕上げる。

　全身の筋肉を前から、横から、後ろから見られて審査されるボディビルダーにとって、カーフも決して無視はできない部位である。カカトを上げるポーズを取った際のカーフの盛り上がりは重要。脚のトレーニングの最後に行っておきたい。まずはスタンディングカーフレイズで腓腹筋とヒラメ筋の下腿三頭筋を全体的に刺激。そしてカーフプレスで腓腹筋、シーテッドのカーフレイズでヒラメ筋を攻めていこう。

太い枝を生やすには、強い幹が必要

DAY 3の背中は、デッドリフトをメイン種目に持ってこよう。胸はベンチプレス、脚はスクワット、背中はデッドリフト。ビッグ３と呼ばれる重要度の高いコンパウンド種目をしっかりと実践しながら身体の全体的なバルクアップを狙っていくのである。また、デッドリフトは強い体幹を養える種目。太い枝を生やすには、強い幹が必要である。たくましい腕、脚を作るためには体幹の強さは不可欠。また、強く発達した体幹は身体全体の迫力や重量感も演出する。デッドリフトは取り入れてほしい種目だ。

ただし、下背部への刺激が強いため、そこでの疲労はスクワットにも影響を及ぼす。正しいフォームで重量が扱えるようになったら、デッドリフトは２週に1度の頻度でもいいだろう。このことを考慮すると、DAY2とDAY3は連続で行わないほうがよい。その間に必ず１～２日は空けるようにしよう。

背中の筋肉はその構造が複雑なため、前から引く種目、下から引く種目、前から引く種目と多角的な刺激を与えていく必要がある。ここでもやはり、重視したいのはオーバーグリップのバーベルロウイング、ラットプルダウンなどのベーシックなコンパウンド種目である。ラットプルダウンは大円筋、広背筋がターゲットのフロント、肩甲骨周辺の筋肉を収縮させやすいビハインドネックの２種類を行いたい。２種類といっても同じマシンで実施できるので、時間もそれほどかからないはずである。次に中背部を狙ってTバーロウイングを行いたいが、時間やジムの設備の都合で難しい場合はカットしてもいいだろう。ボディビルダーらしい迫力のある身体には僧帽筋も重要であるため、最後にシュラッグは組み入れておきたい。

上腕二頭筋も、「週３回」のペースで考えるなら、コンパウンド種目で高重量を扱って攻めていくのが妥当だろう。ここでは上腕二頭筋の代表的なコンパウンド種目であるバーベルカールを最初に行い、次に前腕も鍛えられるハンマーカールを持ってくる。そして、最後にストレッチ種目のインクラインカールで締めくくろう。

腹筋については、これも基本種目であるクランチもしくはシットアップを各20回を２～３セット、レッグレイズを20回２～３セット。これを週２回の頻度で各DAYの最後に実施する。DAY1の最後に腹筋トレーニングを実施したら、次はDAY 3→DAY2→DAY1というルーティンで行っていこう。

TOPIC | **03** | **Men's Physique**

モデルプログラム：メンズフィジーク

DAY 1

部位	種目	レップ数	セット数
胸	ダンベルプレス	6~12	3~4
	スミスマシン・インクラインベンチプレス	8~12	2~3
	ケーブルクロスオーバー（大胸筋上部&大胸筋下部）	12~20	4
	スベンドプレス	20	2
肩	ダンベルショルダープレス	6~8	3~4
	ダンベル・リバースグリップフロントプレス	8~15	2~3
	インクラインサイドレイズ	12~20	2~3
	フロントレイズ	12~20	2~3
	ダンベル・リアデルタロウイング	12~20	2~3

※腹筋はアブローラー、ドラゴンフラッグを各 20 回3セット。
クロスクランチもしくはロシアンツイストを 20 回3セット。これを週2回。

優先度としては下半身よりも上半身にウエイトを

　ボードショーツを着用し、ボディビルのように力んだポーズは取らずに、自然な体勢で鍛えた身体を演出するメンズフィジーク。日本では2014年より開催され、若い層のトレーニーを中心に瞬く間に人気カテゴリーとなった。

　男性の鍛えられた"かっこいい身体"を競うこの競技。特に重要な部位は丸く発達した肩、Vシェイプを形成する背中、引き締まり、なおかつくっきりと割れた腹部と言われている。そうした身体を目指す上ではボディビルダー同様に全体的なバルクアップは必要であるが、優先度としては下半身よりも上半身にウエイトを置いていいだろう。

　以上のことを考慮し、「胸+肩」「肩+上腕三頭筋+脚」「背中+肩+上腕二頭筋」という分割でトレーニングメニューを考えてみた。最重要部位である肩は週に3

DAY 2

部位	種目	レップ数	セット数
肩	サイドレイズ	8~15	3~4
	アップライトロウイング	8~15	2~3
	ケーブルクロスレイズ	20	3
上腕三頭筋	オーバーヘッドケーブルエクステンション	8~12	2~3
	ワンハンド・ダンベルエクステンション	8~12	2~3
脚	レッグプレス	8~15	3
	レッグカール	15~20	3
	レッグエクステンション	15~20	3
	スタンディングカーフレイズ	20~30	3

DAY 3

部位	種目	レップ数	セット数
背中	チンニング	6~8	3~4
	アンダーグリップ・ラットプルダウン	8~12	2~3
	ワンハンド・ダンベルロウイング	8~15	2~3
	ケーブル・プルオーバー	12~20	2~3
肩	リアデルトフライ	8~15	2~3
	フェイスプル	12~20	2~3
	インクラインリアスイング	20	2~3
上腕二頭筋	ダンベルカール	8~15	2~3
	ケーブル・ニーリングカール	8~15	2~3

回。DAY 1は高重量を扱う日（ヘビーデイ）、中日のDAY2は低重量で効かせる日（ライトデイ）、DAY 3は三角筋後部をターゲットとする日とした。腕は、メンズフィジークのポーズにはボディビルのダブルバイセップスのような腕を上げるポーズがないため、上腕二頭筋よりも上腕三頭筋を重視する。

　まずDAY 1ではダンベルを用いた基本種目でできるだけ高重量を持ち、大胸筋に刺激を与えていく。もちろんベンチプレスをメインに据えても問題ないが、ここではバーベルよりも収縮ができ、きれいな大胸筋を作るのに適したダンベル種目を推奨したい。仕上げ種目としては、肩関節への負担が少ないスベンドプレスがいいだろう。

　肩は、この日はヘビーデイとしてコンパウンド種目のダンベル・ショルダープ

03 モデルプログラム：メンズフィジーク

レス、ダンベル・リバースグリップフロントプレスで主に三角筋前部を攻めておきたい。ここでもボディビル同様に、高重量を扱える種目は体力のある序盤に行おう。そのあとにインクラインサイドレイズ、フロントレイズを持ってきて、高回数でねちっこく攻めていく。コンパウンド種目で肩の筋肉の土台を作り、アイソレーション種目で形を整えていく、というイメージである。そして最後に三角筋後部の種目。この日はリアの種目でも比較的、重量を扱えるダンベル・リアデルタロウイングを締めとして取り入れる。

DAY2 の「肩」は軽めの重量で刺激

DAY2は、最初に肩のトレーニングを行うが、この日は軽めの重量で刺激するライトデイとする。三角筋中部の代表種目のサイドレイズ、アップライトロウイングという順で実施し、時間に余裕がない場合はサイドレイズをカットしてもよい。その際はアップライトロウイングでできるだけ重量を扱い（8~15回の場合は8回がぎりぎりできる重量）、セット数も3~4セットに増やす。そのあとにケーブルクロスレイズを丁寧なフォームで行い、肩の仕上げとしよう。

上腕三頭筋は、前述した通りメンズフィジークにはダブルバイセップスのようなポーズがないため、腕の外側に位置して身体のアウトラインを形成する外側頭もしっかりと鍛えておくべきであろう。ストレッチ種目のオーバーヘッドケーブルエクステンションで長頭、そしてコントラクト種目のワンハンド・ダンベルエクステンションで外側頭を狙い、2~3セットでしっかり追い込むようにする。

脚の第1種目は、もちろん王道のバーベルスクワットでもよいが、肩、上腕三頭筋のトレーニングを行ったあとである。ここではメンタル面にも体幹部にも負担の少ないレッグプレスを持ってきても悪くはないだろう。コンパウンド種目のレッグプレスで脚全体に刺激を入れ、アイソレーション種目のレッグエクステンション、レッグカールで大腿四頭筋、ハムストリングスを鍛えていく。また、ボードショーツを履いても下腿はあらわになるため、カーフのトレーニングは取り入れておきたい。高回数のスタンディングカーフレイズでこの日は締めくくろう。

腹筋を割るには減量も必要

背中に関しては、鍛えた身体の代名詞とも言える逆三角形の背中、いわゆるVシェイプを形成していきたい。「広がり」も「厚み」もどちらも重要であるが、時間的な関係で取捨選択を迫られた場合は、「広がり」を優先していいだろう。そうした観点から、DAY 3 の背中の序盤には「上から引く」種目を配置した。

メンズフィジークは細いウエスト、深く割れた腹筋、丸みを帯びた肩、
逆三角形に広がった背中などが特徴的

大円筋と広背筋にフォーカスしながら、背中全体の広がりを狙っていく。まずは
プル系のコンパウンド種目であるチンニングである。レップ数は「6～8」とし
たが、体重が軽く、8回以上が楽にできてしまう場合はディッピングベルトなど
を使ってプレートやダンベルなどで加重すること。他の種目と同様、「6～8」
回がぎりぎり可能な強度で行ってほしい。

　チンニングで背中に強い刺激を入れたあとは、アンダーグリップのラットプル
ダウンを丁寧なフォームで行う。また、基本的なロウイング種目であるワンハン
ド・ダンベルロウイングも取り入れておきたい。そして、仕上げ種目としてケー
ブルプルオーバー。高回数を行って背中全体をパンプさせて締めくくろう。

　身体の背面を鍛える流れで、三角筋の後部のトレーニングもここで行っておく。
ここでは重量重視というより、筋肉の動きを意識しやすいコントラクト種目で確
実に主動筋を追い込んでいく。リアデルトフライは比較的、三角筋後部の収縮を
感じやすい種目であるためトップに持ってくる。次に行うフェイスプルは効かせ
るのが難しい種目であるが、その前にリアデルトフライで三角筋後部を刺激して
いるため、フェイスプル単独で実施するよりも収縮感を実感しやすいはずである。

03 モデルプログラム：メンズフィジーク

最後は低重量で効かせられ、動作もシンプルなインクラインリアスイングで仕上げてく。

上腕三頭筋よりも重要度が低いと思われる上腕二頭筋のトレーニングは、行うとするならば、このタイミングが妥当か。種目は、体力を消耗した段階でも実施しやすいダンベルカールとニーリングカールとする。ただし、上腕二頭筋が弱点だと感じられる場合は三角筋後部と順番を入れ替えてもいいだろう。

腹筋はメンズフィジークにとってキモとなる部位。アブローラー、ドラゴンフラッグといった強度の高い種目で腹直筋に強い刺激を与えていく。また、細いウエストもポイントである。クロスクランチやロシアンツイストといったツイスト系種目で外・内腹斜筋など鍛え、ウエストラインを引き締めていこう。頻度はボディビル同様、週2回とする。DAY1の最後に腹筋トレーニングを実施したら、次はDAY 3→DAY2→DAY1というルーティンで行っていこう。

ただし、"割れた腹筋"を手に入れるには減量も必要。せっかく鍛えても、腹筋の溝が分厚い脂肪の層に覆い隠された状態では、6パックは姿を現さない。腹筋を割りたいのであれば、トレーニングと並行してダイエットも考えていくべきだ。

04 | **Bikini Fitness**

モデルプログラム：ビキニフィットネス

お尻のトレーニングは負荷、方向を変えて週3回

ビキニフィットネスもメンズフィジーク同様、2014年から日本でも開催されるようになった新しい競技である。若い女性トレーニーを中心に人気が高まり、ビキニフィットネスへの出場を目指してトレーニングを始めたという人も少なくない。女性にとってはフィットネス競技やウエイトトレーニングへの入り口にもなっている競技である。

筋肉量や体脂肪率の低さというよりも、ビキニフィットネスでは鍛えた女性の

DAY 1

部位	種目	レップ数	セット数
胸	インクライン・ダンベルフライ	15	3
	ケーブルクロスオーバー（大胸筋上部）	20	3
肩	スミスマシン・ショルダープレス	15	3
	サイドレイズ	15~20	3
	サイドレイズ・ウィズ・ベンチ	15~20	3
	ショルダースイング	20	2
上腕三頭筋	リバースグリップ・ケーブルプレスダウン	15~20	2
殿部	ヒップエクステンション	20~30	2
	クラムシェル	30	2

DAY 2

部位	種目	レップ数	セット数
脚	バーベルスクワット（ワイドスタンス）	12~15	3
	ブルガリアンスクワット	12~15	3
	ヒップスラスト	12~15	3
	アブダクション	12~15	3
	アダクション	12~15	3
	レッグカール	12~15	3
	ケーブルキックバック	20	2

DAY 3

部位	種目	レップ数	セット数
背中	フロント・ラットプルダウン	12~15	3
	ビハインドネック・プルダウン	12~15	3
	インクライン・ダンベルロウイング	12~15	2
	スタンディング・プーリーロウイング	12~15	2
肩	リアデルトフライ	12~20	3
殿部	ヘックスバーデッドリフト	12~15	2
	バックエクステンション	20	2

※腹筋はクロスクランチもしくはニートゥチェスト20回3セット、
ロータリートルソーもしくはロシアンツイストを20往復3セット。これを週2回。

股関節

下腿

TRAINING MENU

腹筋

トレーニングメニューの考え方と実践

応用種目

04 モデルプログラム：ビキニフィットネス

美しさが求められる。といっても、もちろんトレーニングは重要で、他の競技と同じように、全体的なバルクアップを図っていかねばならない。トレーニングには計画的に取り組み、しっかりと筋肉を鍛えていこう。

モデルプログラムとしては、大筋群を主軸に置き、「プッシュ・プル」で小筋群を組み合わせていった。お尻はビキニフィットネスを目指す上で、また女性にとっても重視したい部位であるため、毎回のトレーニングで行うものとする。

DAY1は「胸＋肩＋上腕三頭筋＋殿部」。「胸」をトップに持ってはきたが、ビキニフィットネスでは大胸筋はそれほど重要ではないため、そのあとのトレーニングに体力を温存する意味でもボリュームは控えめにしておきたい。大胸筋のトレーニングを行うとしたら、コスチュームで隠れる下部ではなく、上部を優先すべきである。ストレッチ種目のインクライン・ダンベルフライを第1種目に置き、第2種目のケーブルクロスオーバーで仕上げていいだろう。

肩は上半身のアウトラインを形成する大事な部位なので、ある程度の種目数をこなしてしっかりとトレーニングを行う。プレス系種目としては、安全面を考慮してスミスマシンでのショルダープレスを推奨したい。三角筋中部の種目としては、王道のサイドレイズ、そして体幹部が安定して主動筋の動きを意識しやすいサイドレイズ・ウィズ・ベンチを。そして、仕上げとしてショルダースイング。このあと上腕三頭筋、殿部と続くので、ここでは三角筋後部の種目は割愛する。

腕は上腕三頭筋、上腕二頭筋とでは、アウトラインに関係する上腕三頭筋を優先しよう。上腕二頭筋はビキニフィットネスにとってはそれほど魅力のある部位ではなく、また背中の種目でも補助筋として動員されるため、今回のプログラムからは大胆にカット。その時間と体力を殿部に充てていく。

さて、上腕三頭筋は女性でも取り組みやすいリバースグリップ・ケーブルプレスダウンをセレクトした。プッシュダウンやキックバックなどのほうが上腕三頭筋を意識しやすいという人は、そうした種目を選んでも構わない。

殿部は、ここでは自重系エクササイズで軽く刺激しておきたい。DAY 1でお尻の筋肉を活性化させて、DAY 2でガツン！と高負荷を与えていくイメージである。また、刺激がマンネリ化しないよう、負荷の方向も考えていく必要がある。ここではヒップエクステンションで縦方向、クラムシェルで横方向の負荷を取り入れ、刺激にバリエーションを持たせた。

ビキニフィットネスも全身のバルクアップを図ることは重要。
殿部はもちろん肩、背中、腹筋、大腿四頭筋などの部位のトレーニングも大切だ

下半身のトレーニングは特にシリアスに

　下半身の筋肉は重視したいため、DAY2は「脚」単独で行う。"ビキニフィットネス"という競技は華やかな印象を抱かれがちであるが、トレーニングに取り組む姿勢にはボディビルやメンズフィジークなどと同等のものが要求される。特に、引き締まった脚、丸みを帯びたボリューミーなお尻を作るには、下半身のトレーニングにはシリアスに向き合う必要がある。

　第1種目では、ぜひバーベルスクワットに挑戦していただきたい。内転筋群や殿部にも効かせたいため、腰幅か、もしくはそれ以上広く足幅を取るワイドスタンスが望ましい。

　第2種目からは股関節周りの筋肉を攻めていく。まずはストレッチ種目のブルガリアンスクワット。これは軽いダンベルでも負荷が高いハードな種目であるが、殿部やハムストリングスの発達には大きな効果が期待できるため、ぜひ取り入れてほしい。次はコントラクト種目のヒップスラスト。そしてアダクション（インナーサイ）で内転筋群、アブダクション（アウターサイ）で中殿筋を攻め、股関節周りを内転、外転の両方向からバランスよく鍛えていく。

　ハムストリングスのコントラクト種目であるレッグカールも組み入れたいとこ

04 モデルプログラム：ビキニフィットネス

ろだ。また、ビキニフィットネスの競技特性として、縫工筋のカットがきれいに浮かび上がっている選手が上位を占める傾向があるため、大腿部前面の種目であるレッグエクステンションを追加してもいいだろう。仕上げ種目には、丁寧なフォームで実施できるケーブルキックバックを。高回数でオールアウトを狙おう。

「トレーニングをやった」だけで満足しない

　DAY 3の背中では、細いウエストから広がるVシェイプを目指していく。まずは大円筋を狙ったフロント・ラットプルダウン。これはジムにデュアルケーブルマシンが設置されているのならば、ケーブルコブラに置き換えても構わない。次は背中の筋肉の動きを意識しやすいビハインドネック・プルダウン、インクライン・ダンベルロウイングを。背中は自分では見えない筋肉であるため、「意識しやすい」というのは意外と重要。第4種目のスタンディング・プーリーロウイングも、伸展・収縮を意識しやすい種目であるため、仕上げとして行いたい。

　背中を鍛えた流れから、ここで三角筋後部の種目を1つ。これも細かいテクニックが不要なリアデルトフライがいいだろう。殿部の種目では、これも背中のトレーニングから派生して、ヘックスバーデッドリフトを。ヘックスバーがない場合は、ダンベルスクワットで代用する。最後はバックエクステンションでお尻、脊柱起立筋群を刺激して締めくくる。

　腹筋は、くびれと腹直筋のカットの両面から考え、クロスクランチもしくはニートゥチェストを20回3セット、ロータリートルソーもしくはロシアンツイストを20往復3セット。これを週2回行っていく。

　女性は男性と比較すると、ホルモンの関係で筋収縮が弱く、高負荷低回数のトレーニングでは追い込みづらい傾向にある。よって、レップ数はボディビル、メンズフィジークよりも多めに設定している。

　ただし、レップ数を多くこなすからといって「重量は軽くてもいい」というわけではない。「トレーニングをやった」というだけで満足せず、15回がラクに挙げられるようになったら使用重量をアップさせていくという姿勢が大事だ。

　また、女性は関節が細く、握力も弱いため、それらをサポートするリストストラップ、パワーグリップといったギアを使用することをお勧めしたい。ギアの有無によって効き方や使用重量も変化してくるので、活用していただきたい。

第10章

応用種目

text by Satoru Toyoshima

THE TRAINING ANATOMY

CHAPTER 10

大胸筋に効かせるラットプルダウン

最後に、筆者も実践している応用種目を紹介する。基本種目をマスターし、新たな刺激を欲した段階でトライしてみよう。

通常のラットプルダウンのようにマシンに座り、肩甲骨を上方回旋した状態でバーを保持する。グリップはサムレスが望ましい。重量は通常のラットプルダウンの半分ほどにする

上体をやや後方に倒しながらバーを強く引きつける。ここまでは一般的なラットプルダウンの方法と同じと考えてよい

拮抗筋の
ブレーキ作用を利用

拮抗筋のブレーキ作用を利用したトレーニング方法である。主
動筋の背中に対して拮抗筋の胸がブレーキをかけることで、大
胸筋（特に下部）が伸展する。プレス系、フライ系では得られ
ない刺激が入り、大胸筋のアウトライン向上に貢献する。

3

大胸筋に力を入れなが
らバーを戻していく。
背中に負荷をかけなが
らも、胸に意識を置く

4

息を深く吸いながら、
胸を前に突き出す

股関節周囲

下腿

腹筋

トレーニングメニューの
考え方と実践

応用種目

ダンベル・ペックフライ

1

フラットベンチに横たわり、肩甲骨を寄せた状態でダンベルを胸の下部（剣状突起のあたり）で構える。両足は肩幅ほどに開いて床につけ、身体を安定させる

2

左右のダンベルを両手で強く押し込みながら、スベンドプレスのように肘を近づけていく。なお、使用するダンベルの重量はダンベルフライで扱う重量の3分の1ほどにする

POINT
▼
マシンがなくても
ペックフライの刺激が

通常のダンベルフライはストレッチ種目であるが、これは収縮での負荷が強いコントラクト種目である。ペックフライのマシンは人気が高く、ジムで"順番待ち"をしなければならない場合も少なくない。この種目では専用のマシンがなくてもペックフライと同等の刺激を得られる。

EZバー・サイドレイズ

1

立った状態で片手で
EZバーの中央部をサ
ムレスグリップで持
つ。肘は伸ばし切らず、
軽く曲げておく

2

肩関節を支点にし、肘
でリードしながら弧を
描くようにEZバーを
挙げていく。ワンハン
ドで行うサイドレイズ
のイメージ

POINT
▼
**ダンベルよりも
正確な動作が
求められる**

ダンベルとは異なり、不安定なEZバーで行うことで動作の正確性が求めら
れる。EZバーを安定させるためにインナーマッスルも動員され、ダンベル
のサイドレイズよりも多くの筋線維が鍛えられる。2本のＥＺバーを用いて、
それぞれの手で１本ずつ保持して通常のツーハンズでのサイドレイズを行う
と、ダンベルで行ったときよりも左右の腕の軌道の違い、動きの違いがより
顕著となる。左右差が明確になり、フォームの見直しにも役立つ。

下腿

腹筋

トレーニングメニューの
考え方と実践

応用種目

アシスト・トライセップスプッシュアップ

1

アシストチンニングマシンのアシスト台を利用したプッシュアップである。アシスト台に両手を乗せ、脇を締め、上体をやや前傾させる

↓

2

体重をかけず、上腕三頭筋の伸展のみでプッシュ動作を行う

POINT
▼
**初心者でも
効かせやすい**

動作としてはプッシュアップになるが、自体重ではなくマシンを使うため、負荷を調整できる。難しいコツもいらず、初心者でもプッシュ動作で上腕三頭筋に効かせられる。

スミスマシン・ブルガリアンスクワット

1

スミスマシンのバーを担ぎ、背筋を伸ばして立つ。ベンチに片足を乗せ、ブルガリアンスクワットのスタートポジションを取る

2

前脚の膝を大腿部が床に平行になるまで屈曲させる。角度のついたスーパースミスマシンを用いることでお尻を後方に引け、大殿筋、中殿筋に刺激を入れやすくなる

下腿

腹筋

トレーニングメニューの考え方と実践

応用種目

POINT

▼

主動筋をダイレクトに刺激できる

軌道が固定されたスミスマシンで行うことで、主動筋をダイレクトに刺激できる。また、エキセントリック動作の際にパートナーが上から徒手で抵抗をかけることで、より強い負荷でのトレーニングが可能となる。安全に徒手抵抗を行えるのがこの種目の大きなメリット。

ブルガリアンスクワット&スティッフレッグド・デッドリフト

1

両手にダンベルを持ち、ベンチに片足を乗せ、背筋を伸ばして立つ。床に置いた足とベンチ台に乗せた足の距離は自分の肩幅程度、もしくは肩幅よりも半歩ほど広く取る

2

ブルガリアンスクワットの動作を行う。お尻の伸展を感じながら上体を下ろしていく

ハムストリングスと
お尻を同時に
鍛えられる

コントラクト種目を組み合わせたコンビネーションエクササイズである。ブルガリアンスクワットでは伸展時でのハムストリングスへの刺激は弱いが、スティッフレッグド・デッドリフトと組み合わせることでハムストリングスに強いエキセントリック刺激を与えることが可能となる。軽い重量でも的確に刺激できる。

3

膝を伸展し、スタートポジションに戻る。バランスを崩さないように注意

4

背筋を伸ばしたままダンベルを脛に沿って下ろしていく。ハムストリングスの伸展を感じながらゆっくりと下ろす

股関節

下腿

腹筋

トレーニングメニューの考え方と実践

応用種目

219

スミスマシンスクワット&バッククロス

1

スミスマシンのバーを僧帽筋の上で担ぐ。足幅は腰幅
程度。背筋を伸ばして立ち、バーは肩幅より広い位置
で、肩関節に無理のない手幅で持つ

2

しゃがみながら片方の足を斜め後ろに引いていく。つ
ま先は床につけ、カカトは上げておく

POINT

▼

**体幹バランスも
要求される**

左右交互のオルタネイトで行うことで、体幹のバランスも要求
される。また、大殿筋、中殿筋、ハムストリングスだけでなく、
立ち上がる際には軸脚の大腿四頭筋も動員される。結果、スミ
スマシン・クロススプリットランジよりも活動量が多くなる。

3

足を揃えて立ち上がり、スタート
ポジションに戻る

4

反対側の足を斜め後ろに引いてい
く。以後、同様の動作を繰り返す

レジストバンド・トレーニング

1

レジストバンドを活用したトレーニングである。膝上部分にレジストバンドをつけ、スクワットを行う

1

アブダクションマシンでレジストバンドを活用し、動作に負荷をかける

3

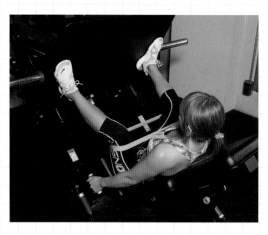

レッグプレスにレジストバンドを用い、外転時に負荷をかける。なお、どの種目も使用する重量は、バンドを用いずに行うセットの半分以下に設定する

POINT
▼
中殿筋、
大殿筋により
強い負荷を

バンドを巻く位置は膝の少し上あたり。股関節外転の種目にバンドの抵抗を加えることで、中殿筋、大殿筋により強い負荷をかけられる。注意しないと膝が内側に入りやすいため（いわゆる「ニーイン」）、膝が内側に入らない状態で行える重量で実施すること。お尻の筋肉の動きを意識しづらい人、スクワットなどでニーインしやすい人などに推奨したい。スクワットで高重量を扱う人のウォームアップにも最適。

山口典孝
(やまぐち・のりたか)

兵庫県西宮市生まれ。大阪滋慶学園専任講師など。日本体育学会、日本トレーニング科学会、日本陸上競技連盟医事委員会など所属。関西学院大学卒業、放送大学大学院文化科学研究科修了(学術修士)。体の機能を研究する専門家という立場から、分かりやすく人体の仕組みを解説し、多くの教育・スポーツ現場で活躍。現在は教職のかたわら、各地でスポーツ少年団や高齢者の介護予防トレーニングなどの講演やテレビ出演を行い、関西学院大学大学院人

間福祉研究科・受諾研究員等を歴任。プロ・アマスポーツ選手、大学・医療・マスコミ関係者にも友人・知人が多く、他業界からの信頼も厚い。著書にベストセラー「筋肉のしくみ・はたらき事典」(西東社)「リハビリテーションのための解剖学ポケットブック」(中山書店)「小・中学生のための走り方バイブル」(カンゼン)「早わかりリハビリテーション用語・略語・英和辞典」(ナツメ社)「動作でわかる筋肉の基本としくみ」(マイナビ)など多数。

豊島 悟
(とよしま・さとる)

1974年生まれ。トータルヘルスケアパーソナルトレーナー。日本ホリスティック協会フィジカルコンディショナー。20歳のときにボディビルを始め、数年のブランクを経たのちに2012年に大会復帰。パーソナルトレーナーとしても活動。平均の年間セッション数は約2500本。

●主な成績
2013年	JBBF東日本選手権70kg級優勝
2014年	JBBF関東選手権男子ボディビル優勝
2014年	JBBF日本クラス別選手権男子ボディビル65kg級2位
2015年	JBBF東京選手権男子ボディビル優勝
2017年	JBBF日本クラス別選手権男子ボディビル65kg級2位
2018年	JBBF日本クラス別選手権男子ボディビル65kg級3位
2019年	JBBF日本クラス別選手権大会男子ボディビル60kg級優勝
	IFBB「一体一路」世界大会男子ボディビル65kg級 2位

渋谷美和子
(しぶたに・みわこ)

9月13日生まれ、神奈川県出身。2014年に椎間板ヘルニアで1カ月寝たきりになり、歩行練習のリハビリから2015年に筋力トレーニングへシフト。翌16年に競技デビュー。

●主な成績
2016年	JBBFオールジャパン選手権ビキニフィットネス158cm以下級5位
2017年	JBBFオールジャパン選手権ビキニフィットネス158cm以下級6位
	JBBF東日本選手権ビキニフィットネス158cm以下級3位
2018年	JBBFオールジャパン選手権ビキニフィットネス158cm以下級2位
	JBBF東日本選手権ビキニフィットネス158cm以下級優勝
	JBBF神奈川オープン選手権ビキニフィットネス総合優勝
	日本グアム親善大会ビキニフィットネス2位
	IFBB世界マスターズ選手権出場
	GOLD'SGYM MUSCLE BEACH 優勝
2019年	SPORTEC CUPビキニフィットネス3位
	JBBFオールジャパン選手権ビキニフィットネス160cm以下級2位
	JBBFグランドチャンピオンシップス7位

波多広大
(はた・こうだい)

1990年10月16日生まれ、兵庫県宝塚市出身。小学生より空手を始め、18歳から22歳まで総合格闘技で多数試合に出るが、格闘技でのケガを機に丈夫な身体を作ろうと23歳から本格的にトレーニングを開始。2016年からメンズフィジークに出場。

●主な成績
2016年	JBBF神奈川オープン選手権メンズフィジーク172cm超級優勝
2017年	JBBF関東オープン選手権メンズフィジーク176cm超級優勝
2018年	JBBF東日本オープン選手権メンズフィジーク176cm超級3位
	日本グアム親善大会メンズフィジークトールクラス2位
2019年	JBBF東日本オープン選手権メンズフィジーク176cm超級4位

萩尾由香
(はぎお・ゆか)

8月22日生まれ、東京都出身。1992年よりフィットネスインストラクターとしてエアロビクス、STEP、ヒップホップ、パラパラ、ヨガ、ルーシーダットン、ウェーブリングストレッチ、ファンクショナルトレーニングなど様々なレッスンを行い活動。2012年からより説得力のある身体でレッスンを提供したいと思いボディビルトレーニングを開始。2013年よりJBBFボディフィットネス大会に出場している。

●主な成績
2013年	JBBFミス健康美21　3位
2014年	JBBF関東選手権ボディフィットネスショートクラス優勝
	JBBF東日本選手権ボディフィットネスショートクラス3位
	JBBFミス健康美21　3位
	JBBF東京選手権ボディフィットネス3位
2017年	JBBFオールジャパン選手権ボディフィットネスショートクラス3位
2018年	JBBFオールジャパン選手権ボディフィットネスショートクラス2位
	JBBF東日本選手権ボディフィットネスショートクラス優勝
2019年	JBBFジャパンオープン選手権ボディフィットネス3位
	JBBF東京選手権ボディフィットネスショートクラス2位
	SPORTEC CUPボディフィットネス3位

イラスト(トレーニング):牧野孝文(makino design)
撮影:福地和男、BBM
デザイン:浅原拓也
編集:藤本かずまさ(株式会社プッシュアップ)
協力:吉田真人(株式会社BELLz)
撮影協力:WE ARE THE FIT
写真&イラスト(解剖):ゲッティイメージス

参考文献
山口典孝著「筋力トレーニング解剖学」ベースボール・マガジン社(2018)

写真とCGイラスト対比で学ぶ
筋力トレーニング解剖学 アドバンス!

2021年1月29日　第1版第1刷発行

著　者	豊島　悟
監　修	山口典孝
発行人	池田哲雄
発行所	株式会社ベースボール・マガジン社

〒103-8482
東京都中央区日本橋浜町2-61-9　TIE浜町ビル
電話 03-5643-3930（販売部）
　　　03-5643-3885（出版部）
振替 00180-6-46620
http://www.bbm-japan.com/

印刷・製本　　共同印刷株式会社